PAUL DARBOIS,

DRAME EN TROIS ACTES,

PAR MM. BOULÉ ET E. FILLION,

Représenté pour la première fois, sur le théâtre de l'Ambigu-Comique, le 28 décembre 1839.

DISTRIBUTION :

Mme DARBOIS	Mme LAMBQUIN.	HERCULE DUROCHER, contre-maître de la filature	M. BOUTIN.
PAUL DARBOIS, son fils	M. ALBERT.	LÉONARD	M. MONET.
AUGUSTINE DE SEVRIN	Mlle FIERVILLE.	UN OFFICIER DE PAIX	M. DUVILLARS.
HÉMERY, médecin	M. ROGER.	UN PORTEUR	M. BERTHOLET.
FORESTIER, médecin	M. ANATOLE GRAS.	UN SECOND PORTEUR, personnage muet.	
GENS DE JUSTICE.		OUVRIERS FILEURS. — OUVRIÈRES.	
DEUX DOMESTIQUES.			

La scène se passe à la filature de Mme Darbois, à Saint-Valery en Normandie.

ACTE I.

Un jardin. Au fond, la grille d'entrée, avec le mot *Filature* au-dessus. Quelques arbres. A gauche, une grande porte cintrée, au-dessus de laquelle on lit : *Entrée des Ateliers*. A droite, le péristyle de la maison de Mme Darbois. Bancs et chaises de jardin, à droite. En avant de la maison, un guéridon en pierre. — Au lever du rideau, on entend un bruit de cloche partant des ateliers ; quand il a cessé, Hercule paraît sortant à reculons de la porte cintrée. Les poches de sa large veste de chasse, paraissent entièrement pleines, une moitié de pain de deux livres est sous son bras gauche. Il est coiffé d'un bonnet de police.

SCÈNE I.

HERCULE, seul, s'adressant à la cantonnade.

Bon appétit, vous autres, et mettez les morceaux doubles... moi, je vais déjeuner dans le jardin... j'ai mes raisons pour ça... (Murmure dans les ateliers.) Plaît-il ?.. qu'est-ce qui fait le méchant, là-bas ?.. il n'a qu'à se présenter... je lui ferai à savoir, immédiatement, que ce n'est pas pour rien que les plus rageurs de Saint-Valery m'ont décoré, moi, Christophe Durocher, du surnom d'Hercule ; particulier qui, avant la première révolution, passait pour se cogner, dur et long-temps... Personne ne dit mot ?.. c'est bien... vous voilà comme je vous aime... qu'au premier coup de dix heures chacun soit à son métier, et je vous promets que nous n'aurons pas de désagrémens ensemble... (Descendant la scène et toussant) Mais n'oublions pas que ma position physique m'interdit toute espèce de gymnastique... (Il s'assied. Pendant ce commencement, de scène les ouvriers, le pain sous le bras, ont traversé de gauche au fond. — Hercule continue.) M. Forestier, que la bourgeoise vient d'envoyer chercher, va passer là, tout à l'heure, de sorte que je pourrai pincer une consultation gratis... C'est un fameux médecin, tout de même, que

M. Forestier !.. personne ne se purge, ne vient au monde, ni ne trépasse dans Saint-Valery sans qu'il y soit pour quelque chose, et je suis, pour mon compte, très satisfait de ses ordonnances... (Enfourchant le banc.) A preuve que je les suis à la lettre et sans en rien retrancher... (Fouillant dans ses poches.) Témoin, ce morceau de pâté... cette cuisse de dindonneau et cette bouteille de vieux cidre... Voyons, si je commençais par le rôti ?.. non, par le pâté, c'est plus léger... (Il mange.) Mme Darbois qui veut, à toute force, que notre jeune bourgeois ait la place d'armes attaquée, aura fait appeler M. Forestier, pour le consulter de nouveau... comme si c'était M. Paul le plus malade de la maison... mais ils ne me regardent donc pas, ceux qui me rient au nez quand je dis que je suis poitrinaire de fond en comble ; ils ne voient donc pas que je dépéris à vue d'œil, que je deviens à rien du tout... (Il mange avec avidité, puis tout-à-coup.) Bon !.. voilà encore ce scélérat d'étouffement qui m'empoigne... et dire que c'est ainsi, chaque fois que je casse une croûte... (Il tousse tout en se versant à boire, puis, après avoir vidé son verre d'un seul trait.) Ah ! voilà que ça se passe !..
(Ici entre Forestier, par la grille du fond ; à la vue d'Hercule il sourit et s'avance sans être entendu.)

SCÈNE II.

HERCULE, FORESTIER.

HERCULE, continuant.

Buvez, et mangez tout ce que vous voudrez... et beaucoup... m'a dit M. Forestier... un malade comme vous ne doit rien se refuser...

FORESTIER.

Et fidèle observateur de l'ordonnance, vous ne vous refusez rien ?..

HERCULE, se retournant vivement.

Ah ! vous voilà, mon sauveur !..

FORESTIER.

Eh bien ! comment vous trouvez-vous du régime que je vous ai prescrit ?..

HERCULE, quittant le banc et remettant les débris de son déjeuner dans ses poches.

Mais il n'est pas trop désagréable... et je crois que je m'y ferai.

FORESTIER.

Continuez, M. Hercule, continuez, et je vous promets une complète guérison.

HERCULE.

Bien vrai, vous avez de l'espoir ?.. Ah ! Major !.. c'est comme ça qu'au régiment nous appelions les carabins... Major, vous êtes un grand homme !

FORESTIER, souriant.

Persévérez, et je réponds de vous...

HERCULE.

Je vivrais !.. je ne me verrais pas moissonné à la fleur de mes ans !.. Tenez, M. Forestier... je n'ai pas le sou, je suis gueux comme défunt le père Job... eh bien ! c'est égal... remettez-moi sur pieds, et la moitié de ce que je possède est à vous !

FORESTIER, raillant.

L'honneur que je recueillerai d'une cure aussi miraculeuse, me paiera suffisamment de mes soins... Mais permettez, Mme Darbois m'a fait demander, et je vais...

HERCULE, l'arrêtant.

Un moment, vous ne me quitterez pas comme ça... d'ailleurs, la bourgeoise n'est pas à la maison, et, en sortant, elle m'a bien recommandé de vous retenir jusqu'à son retour...

FORESTIER.

Elle doit rentrer bientôt ?

HERCULE.

Oui, Major... Mais dites donc ?.. pendant que je vous ai sous la main... si vous m'ordonniez quelque chose ?..

FORESTIER.

Au fait... voyons, qu'est-ce que je pourrais vous ordonner ?..

HERCULE.

Cherchez... mais, d'abord, il est bon que vous sachiez que je mange, que c'est effrayant... Ça cache quelque chose, n'est-ce pas ?..

FORESTIER.

Mais !..

HERCULE.

J'en étais sûr !

FORESTIER.

Et probablement le sommeil est comme l'appétit ?..

HERCULE.

Je fais le tour du cadran, sans me réveiller...

Qu'est-ce que vous en dites ?.. ça m'inquiète, moi !..

FORESTIER.

Diable !..

HERCULE.

Il paraît même que la nuit ce sont des souffrances, mais des souffrances... heureusement que quand je dors je ne sens rien...

FORESTIER.

Pour les forces ?..

HERCULE.

Je porte douze cents... ça n'est pas naturel, qu'en dites-vous ?..

FORESTIER, s'écriant.

Douze cents !..

HERCULE.

Là ! quand je disais que j'étais très malade !.. Mais il est donc écrit que cette maudite maladie fera passer l'arme à gauche à toute la maison... Défunt M. Darbois, notre ancien patron, a été emporté le premier... il y a bien une dixaine d'années... vous n'étiez pas encore établi dans le pays... puis, après le père, les deux premiers nés...

FORESTIER.

Oui, il y a environ trois ans... Julien et Henri Darbois...

HERCULE.

A six mois de distance... Ceux-là, c'est différent, c'est vous qui les avez aidés à passer de ce monde dans l'autre... (*Baissant la voix.*) Tout ça, M. Forestier, soit dit entre nous, vous savez, et bien bas, car si la bourgeoise m'entendait, elle me délivrerait immédiatement ma feuille de route.

FORESTIER.

Oui, à cet égard, l'ordre de Mme Darbois est formel... et je l'approuve... dans la situation de Paul, c'est agir prudemment que de lui cacher un passé dont la connaissance ne pourrait que lui être funeste.

HERCULE.

Jusqu'à présent ça a été tout seul... à la mort de son père il était si jeune...

FORESTIER.

Ensuite, éloigné de Saint-Valery dès que la terrible maladie menaça de s'étendre jusqu'à ses frères, c'est à Montpellier, où confié aux soins d'une tante maternelle, il se livrait à l'étude de la peinture, qu'il apprit la nouvelle et double perte qu'il venait de faire.

HERCULE.

Et depuis six mois seulement qu'il est de retour, pas un mot qui ait pu lui faire soupçonner de quoi ils sont décédés... eh bien ! c'est tout de même, la bourgeoise a beau faire... ses précautions et rien, c'est tout comme... ça ne l'empêchera pas, le pauvre garçon, de sauter le pas comme les autres... quant à moi, mon affaire est claire... en ma qualité de frère de lait de feu M. Julien, ça me revient de droit... il ne s'agit donc que de reculer le moment le plus possible... si seulement ça pouvait aller comme ça encore une quarantaine d'années... Mais pardon major... nous bavardons là, et vous oubliez que j'attends que vous m'ordonniez quelque chose...

FORESTIER, souriant.

Toutes réflexions faites... je vous ordonne de continuer le même traitement...

HERCULE.

Vous pensez que ça suffira ?.. après ça je m'en trouve assez bien... je crois, cependant, que ce matin j'ai pris la dose un peu forte...

FORESTIER.

Mais dites-moi, mon cher client ?.. si je dois en croire certains bruits, qui commencent à circuler dans Saint-Valery... les alarmes de Mme Darbois sur la santé de son fils ne seraient pas la seule cause de sa tristesse ?.. sa fortune assure-t-on ?..

HERCULE.

C'est vrai que depuis la mort de M. Julien tout a été ici de mal en pire... c'est qu'il s'y entendait celui-là à conduire une filature... il ne passait pas, comme M. Paul, tout son temps à chasser, faire l'amour et barbouiller de la toile... et puis, ajoutez à ça une demi-douzaine de grosses faillites... bref, c'est au point que nos fileurs sont à la veille de décamper... et ça parce que la monnaie est en retard pour le quart-d'heure... heureusement qu'en ma qualité de contre-maître, je leur montre le bon exemple... et volontiers le poing quand la chose est nécessaire.

FORESTIER, à part.

On m'avait dit vrai.

HERCULE, continuant.

Ce qui n'empêche pas qu'il serait grandement temps que le mariage de M. Paul avec Mlle Augustine de Sevrin, vînt remettre de l'huile dans la lampe... Restée orpheline, et à peu près maîtresse de ses actions, avec vingt bons mille francs de rente, sans compter la fortune que sa grand'mère, vieille et infirme, ne lui fera pas trop attendre, il faut l'espérer... comme ça ferait remarcher nos métiers !..

FORESTIER, à part.

Oh ! il ne se fera pas, je le jure, ce mariage qui ruinerait mes espérances.

HERCULE.

A propos, il y en a qui prétendent que vous vous étiez jadis mis sur les rangs, vous, M. Forestier ?..

FORESTIER, avec humeur.

C'est bien !..

HERCULE.

Ne vous fâchez pas, Major... ce que j'en dis...

FORESTIER.

Mais, c'est bien... laissez-moi.

HERCULE.

Justement, voici la bourgeoise... au revoir M. Forestier... nous disons donc : le même régime... suffit... (A part,) Décidément, j'ai un poids sur l'estomac... je crois qu'une petite promenade me fera du bien... (Il salue militairement Mme Darbois qui entre en ce moment par la grille du fond, et sort.)

SCÈNE III.

FORESTIER, Mme DARBOIS.

Mme DARBOIS, en entrant.

Ah ! vous voilà, M. Forestier ! vous devinez, sans doute, pourquoi je vous ai fait appeler ?.. Vous devinez qu'il s'agit de mes craintes au sujet de mon fils bien aimé, de mon Paul ?..

FORESTIER.

Pourquoi donc persister à voir l'avenir sous d'aussi sombres couleurs ?..

Mme DARBOIS.

L'avenir m'apparaît ce que fut pour moi le passé, terrible et vêtu de deuil... j'y vois une tombe entr'ouverte vers laquelle s'avance à pas lents le dernier objet de mes affections... j'ai vu s'éteindre autour de moi trois existences, mon bonheur et ma joie, et quant j'ai tant perdu déja, vous ne voulez pas que je tremble pour ce qui me reste !..

FORESTIER.

Je veux que, plus confiante en la providence et en mes soins, vous espériez, Madame.

Mme DARBOIS, avec incrédulité.

Merci, de ces consolations qui vous sont dictées, je le sais bien, plutôt par votre amitié, que par votre conscience... mais les pressentimens d'une mère ne l'abusent pas, allez ; mon fils porte avec lui ce germe de mort qui a tué mon époux, et m'a déjà ravi deux de mes enfans !.. fatal héritage dont chacun d'eux en naissant à recueilli d'avance sa triste part !..

FORESTIER.

Permettez-moi, Madame, de ne point partager des alarmes, que la vue de votre fils va dissiper, je l'espère...   (Il fait un pas.)

Mme DARBOIS, le retenant.

Paul, ne doit pas encore être de retour de la chasse... mais dites-moi, ne redoutez-vous pas pour lui les fatigue d'un exercice auquel il se livre avec tant d'ardeur ?..

FORESTIER.

Non, puisqu'il s'en trouve bien...

Mme DARBOIS.

N'importe, tachez d'obtenir de lui qu'il prenne plus de soin de sa santé, et sa mère, Monsieur, vous en sera bien reconnaissante.

FORESTIER, s'inclinant.

Du moment que vous le désirez...

Mme DARBOIS.

Surtout pas un mot imprudent !.. Qu'il ne soupçonne pas son état, entendez-vous ?.. D'un esprit faible et prompt à se frapper, un soupçon suffirait pour le tuer !

FORESTIER.

Je suis médecin, madame, et Paul est mon ami ; vous pouvez doublement compter sur ma prudence. Mais, je vous le répète, vous vous exagérez le danger... Rien de sérieux ne vient encore justifier vos terreurs... et Dieu voudra que vous n'ayez pas un nouveau malheur à déplorer.

Mme DARBOIS, l'observant.

Alors, si vous êtes sincère ?.. votre avis est que j'aurais tort d'ajourner plus long-temps son union avec mademoiselle Augustine de Sevrin ?..

FORESTIER, à part.

Encore cette union...

Mme DARBOIS, continuant.

Vous pensez que je puis céder à ses vœux, sans craindre de le voir transmettre à ses enfans ce terrible fléau qui, selon vous, l'aurait épargné ?.. Vous ne répondez pas ?..

FORESTIER, avec embarras.

Mon avis, madame, est que Paul étant bien

jeune encore, vous avez tout le temps de penser à l'établir... (Mme Darbois frémit.) Mon avis est que, songer à le marier maintenant...

Mme DARBOIS, le regardant.

Serait une imprudence, n'est-ce pas?..

FORESTIER, même jeu.

Plus tard... bientôt...

Mme DARBOIS, pleurant.

Je vous comprends... Pauvre Paul!.. Mais si votre art ne peut le sauver, ah! dites-moi, du moins, que vous prolongerez une vie à laquelle la mienne est attachée!

FORESTIER.

J'espère plus, madame, j'espère le conserver à votre amour... (Appuyant avec intention.) Je ne vous demande que d'écouter mes conseils... je ne réclame que votre confiance.

Mme DARBOIS.

Si elle était moins grande, j'aurais appelé de Montpellier, un de vos confrères, célèbre aussi, un ami dévoué, un père pour Paul; le docteur Hémery, dont vous nous avez souvent entendu parler.

FORESTIER.

Hémery... oui, en effet...

Mme DARBOIS.

Mais, si mon Paul doit vivre, que ce soit par vous, monsieur, et vous me serez aussi cher que l'enfant que je vous devrai!..

FORESTIER, d'un ton pénétré.

Comptez sur moi, madame... Mais la matinée est déjà avancée... quelques malades me réclament... Je verrai Paul dans la journée... Espérance, espérance!..

(Il s'incline et sort par le fond.)

SCÈNE VI.
Mme DARBOIS, seule.

(Elle fait quelques pas en silence, et se laisse aller muette et accablée sur un banc; puis élevant ses mains:)

Quand je n'ai plus que lui, ô mon Dieu!.. vous ne voudrez pas me le reprendre!.. Vous ferez que la pitié n'ait pas dicté les paroles du docteur!.. Eespérance, a-t-il dit... espérance!.. Oh! mais non... ce mot n'était que dans sa bouche, et il me l'a jeté par compassion... Jusqu'au moment fatal, le médecin croit de son devoir de vous dire : espérez... L'humanité lui fait une vertu du mensonge... (Après une pause.) Une tombe, voilà donc tout ce qui me restera bientôt du dernier de mes enfans... et, avant, la misère... (Avec larmes.) La misère à lui. (Tirant une lettre, et l'ouvrant.) Cette lettre de mon banquier de Rouen... Aujourd'hui même, soixante mille francs... ou, à défaut de cette somme, l'abandon de ma filature... la honte d'une expropriation... d'une faillite, peut-être!.. Et le plus affreux de tout, mon enfant, mon Paul... (Sanglotant.) O mon Dieu!.. toutes les douleurs!.. toutes les infortunes à la fois!.. (Bruit d'une arme à feu.) Ce coup de feu!.. (Éclats de rire dans la coulisse.) C'est lui!..

(Bruit de cloche à gauche. Les ouvriers rentrent en foule par la grille, se dirigeant vers les ateliers. Deux domestiques sont sortis de la maison.)

PAUL, paraissant au fond en costume de chasse, le fusil sur l'épaule, et riant en s'adressant aux ouvriers pendant qu'ils traversent.

Ah! ah! ah! les mauvais soldats!.. Avoir peur pour si peu de chose! ah! ah! ah!..

(Il entre en scène.)

SCÈNE V.
Mme DARBOIS, PAUL.

PAUL, courant à Mme Darbois.

Étourdi que je suis!.. je t'ai encore effrayée, ma bonne mère... (L'embrassant avec effusion.) Pardon! pardon!..

Mme DARBOIS.

Pourquoi donc toujours faire feu si près de notre maison?..

PAUL.

Pourquoi?.. (A part.) Parce que notre maison touche à celle de madame de Sevrin. (Haut, et regardant sa mère.) Tu veux absolument savoir pourquoi?.. Eh bien! je vais te le dire... mais tu n'en parleras pas à Augustine... tu la ferais rougir... Je lui annonce ainsi, chaque jour, mon retour de la chasse... C'est une manière de s'entendre... de loin... (Retirant son carnier, qu'il jette à l'un des domestiques.) Tenez, vous autres, portez celui-là à la cuisine... Joseph, à toi mon fusil. (Les deux domestiques rentrent dans la maison.)

Mme DARBOIS, suivant tous les mouvemens de Paul avec inquiétude.

Tu as fait bonne chasse?.. ton carnier paraît bien garni.

PAUL.

N'est-ce pas qu'il a une physionomie respectable?.. Un lièvre et trois perdreaux, c'est gentil pour une matinée.

Mme DARBOIS.

Tu dois être bien fatigué... assieds-toi donc...

PAUL.

Trois lieues à peu près... qu'est-ce que c'est que cela!..

Mme DARBOIS.

Trois lieues en moins de quatre heures, il n'y a pas de bon sens... (Le faisant asseoir.) Allons, monsieur, asseyez-vous, je le veux.

PAUL.

Je te jure que c'est uniquement pour ne pas te désobéir...

Mme DARBOIS.

Voyez comme il a chaud...

PAUL.

Si tu m'avais vu en plaine, c'était bien autre chose!

Mme DARBOIS, lui essuyant le front.

Si tu étais bien aimable, Paul... tu n'irais plus chasser aussi loin...

PAUL.

Je ne demande pas mieux... si toutefois le gibier veut être assez complaisant pour m'épargner la moitié du chemin.

Mme DARBOIS.

Mais, sorti à jeun, tu dois avoir besoin de prendre quelque chose... je vais te faire servir une tasse de lait...

PAUL.

Ne te déranges pas, j'ai pris mieux que cela...
oui, j'ai déjeûné chez le garde... Une moitié de
levreau à la broche, arrosée d'un bouteille de
Bordeaux, qui n'était ma foi pas trop méchant.

Mme DARBOIS.

Paul, tu n'es pas raisonnable... tu sais que le
vin ne te vaut rien...

PAUL.

Qu'est-ce qui a dit cela ?.. Forestier ?.. Qu'il
me fasse donc le plaisir, M. le Docteur, de garder
ses ordonnances pour ses malades !.. Hum...
mais j'ai encore la poussière de la route dans le
gosier... Hum !.. hum !..

Mme DARBOIS, vivement.

Entrons, tu prendras un verre d'eau sucrée...

PAUL.

Ce n'est pas la peine... il doit rester une goutte
de rhum au fond de ma gourde.   (Il boit.)

Mme DARBOIS, vivement.

Que fais-tu, malheureux enfant !..

PAUL.

Du lait, de l'eau sucrée !.. Ah! cela, décidément, ma bonne mère, tu me crois donc malade ?

Mme DABOIS, vivement.

Malade, toi ?.. ah ! bien par exemple !.. au
contraire, mon ami, tu ne t'es jamais mieux
porté...

PAUL, gaîment.

C'est ce que je me dis tous les jours ! (Ap-
percevant Augustine au fond, en dehors de la grille.)
Mais il paraît que tout à l'heure j'ai atteint droit
au but...

Mme DARBOIS.

En effet, c'est Augustine.

SCÈNE VI.

LES MÊMES, AUGUSTINE, tenant à la main
une corbeille à ouvrage; puis, HERCULE ET
LÉONARD.

AUGUSTINE, en entrant.

Bonjour, Mme Darbois. (Elle va à Mme Darbois
qui l'embrasse.) Bonjour M. Paul...

PAUL.

Bonjour, mon Augustine !

AUGUSTINE, à Mme Darbois, déposant sa corbeille à
ouvrage sur le guéridon de pierre.

Je viens travailler quelques heures avec
vous... (A Paul.) Déjà revenu de la chasse,
M. Paul?..

PAUL.

J'arrive il n'y a qu'un instant... (Avec intention.)
En entrant dans l'avenue je me suis débarrassé
de mon dernier coup de fusil... vous n'avez pas
entendu ?..

AUGUSTINE.

Moi, non... je n'aurai pas pris garde...

PAUL, à part.

Oh ! la petite menteuse...
(Il échange un regard avec Mme Darbois à qui il fait
signe de se taire.)

AUGUSTINE, bas à Paul.

Eh bien ! avez-vous de nouveau parlé à votre
mère ?..

PAUL, bas.

Je n'ai pas osé...

AUGUSTINE, bas.

Allons donc, Monsieur, allons donc...

PAUL, bas.

Tout de suite. (Hésitant.) Dites donc, Augustine... si vous commenciez ?..

AUGUSTINE, bas.

Y pensez-vous ? une demoiselle !.. c'est à vous
de commencer... allez, n'ayez pas peur... je vous
soutiendrai.

PAUL, bas.

Oui comme l'autre jour... j'avais à peine ouvert
la bouche que vous étiez déjà loin...

AUGUSTINE.

Aujourd'hui je vous promets plus de bra-
voure.

(Pendant ce colloque, Mme Darbois, qui s'est assise,
a tiré de la corbeille une broderie qu'elle feint de
considérer, et ne quitte pas des yeux Paul qui
vient se placer à sa droite et Augustine à sa
gauche.)

PAUL, d'un ton caressant.

Ma bonne mère...

Mme DARBOIS.

Mon ami ?..

PAUL, hésitant.

C'est Augustine qui a quelque chose à te dire...
et qui n'ose pas...

AUGUSTINE.

Dites donc que c'est vous, Monsieur... (Bas
à Paul.) Fi... un homme !.. vous devriez être
honteux...

Mme DARBOIS.

Parlez, mes enfans, parlez sans crainte...

PAUL.

Tu vas encore, non pas te fâcher, tu es si
bonne et tu nous aimes tant, mais me répéter
que je suis trop jeune, pour penser à épouser
Augustine... Eh bien ! moi, je te répéterai que
j'ai vingt et un ans, que, d'ailleurs, l'âge n'y fait
rien, qu'au contraire, j'y pense tous les jours,
et Augustine aussi... n'est-ce pas, Augustine ?..

AUGUSTINE, timidement.

Ma bonne maman assure que M. Paul est très
raisonnable pour son âge...

PAUL.

Et elle s'y connaît, va, sa bonne maman !

Mme DARBOIS, les embrassant tous deux.

Dieu sait ce qu'il m'en coûte de vous affliger,
mes enfans !... mais un jour, trop tôt peut
être, vous bénirez ma résistance... toi surtout,
Paul !...

PAUL, vivement.

Que veux-tu dire?...

Mme DARBOIS, se reprenant.

Je veux dire qu'avant de se lier pour la vie il
faut être bien certains de s'aimer...

PAUL.

Oh! quant à cela !..

Mme DARBOIS, continuant.

Je veux dire que dans deux ou trois ans, si vos
sentimens sont les mêmes...

PAUL, se récriant.

Deux ou trois ans, dis-tu ?.. mais qui sait !..
d'ici-là, je serai peut-être mort !..

Mme DARBOIS, avec effroi.

Mort !..

HERCULE, paraissant au fond à l'extérieur.

Par ici, Monsieur, par ici, Mme Darbois doit être à la maison.

(Il entre, Léonard paraît et entre à sa suite.)

Mme DARBOIS, à Hercule.

Qu'y a-t-il?..

HERCULE.

Rien... c'est Monsieur, qui demande après vous. (A Léonard.) Tenez, voici justement la bourgeoise... (A part.) J'ai toujours l'estomac légèrement oppressé...

LÉONARD, s'inclinant.

C'est à Mme Darbois que j'ai l'honneur de parler?...

Mme DARBOIS.

A elle-même, Monsieur... mais pourrai-je savoir?...

HERCULE, à part, se tâtant le poux.

Je crois même que j'ai la fièvre.

LÉONARD.

Je me nomme Léonard, Madame.... et j'ai l'honneur de représenter, M. Dubreuil, votre banquier de Rouen...

Mme DARBOIS, à part.

Déjà!.. (Haut.) Cela suffit, Monsieur... Durocher, laissez-nous...

HERCULE, à part en s'éloignant par la gauche.

Si j'envoyais chercher le docteur?..

(Il entre dans les ateliers.)

SCÈNE VII.

Mme DARBOIS, PAUL, AUGUSTINE, LÉONARD.

PAUL, à mi-voix.

Nous te laissons, ma mère...

Mme DARBOIS, de même, et émue.

Non, restez, mes enfans... et jugez si vous pouvez être maintenant, l'un à l'autre... (Étonnement de Paul et d'Augustine. A Léonard.) Je vous écoute, Monsieur....

PAUL, à part.

Qu'est-ce donc?..

LÉONARD.

Croyez, Madame, que je comprends tout ce que ma tâche a de pénible... mais le devoir parle, et je me dois, d'abord, aux intérêts qui me sont confiés...

Mme DARBOIS.

Achevez, Monsieur, je suis préparée à tout...

LÉONARD.

Le délai fixé pour le remboursement des soixante mille francs, dont vous êtes redevable à la maison Dubreuil, étant expiré depuis longtemps...

PAUL, à part.

Soixante mille francs!..

LÉONARD, continuant.

Je suis forcé, si vous n'êtes pas en mesure d'acquitter cette somme...

Mme DARBOIS, achevant. et résignée.

De m'enjoindre de sortir de cette maison, d'où la loi me chasse... c'est juste, Monsieur.

PAUL, atterré.

Qu'entends-je?..

LÉONARD.

L'hypothèque qui assure à M. Dubreuil la propriété de cette filature en garantie de sa créance étant en règle, l'expropriation est exécutoire dans les vingt-quatre heures; mais, M. Dubreuil, n'ignorant pas les malheurs de tous genres qui vous ont accablée depuis quelque temps, me charge de vous accorder, en son nom, un dernier délai de deux mois, après lequel, Madame, en cas de non paiement, il se verra contraint de vous déposséder.

PAUL, à part, se laissant tomber sur un siège.

Deux mois seulement...

AUGUSTINE, bas, et lui serrant la main.

Si vous m'aimez, Paul, vous m'aiderez à sauver votre mère!..

PAUL, bas, regardant Augustine, et tressaillant.

Il se pourrait!..

Mme DARBOIS, à Léonard.

Veuillez, je vous prie, porter à M. Dubreuil l'expression de ma reconnaissance... mais je crois devoir vous avouer, Monsieur, qu'à moins d'un miracle en notre faveur, le nouveau délai que sa générosité nous accorde sera tout-à-fait inutile...

LÉONARD.

Je vous ai fait connaître, Madame, les intentions de celui que je représente... et, maintenant, que ma mission est remplie, permettez que je me retire.

(Il s'incline et sort par la grille du fond.)

SCÈNE VIII.

LES MÊMES, excepté LÉONARD, puis FORESTIER. Moment de silence.

Mme DARBOIS, sanglotant.

Eh bien! mes enfans?..

PAUL, avec force.

Eh bien! ma mère! cet arrêt auquel, le cœur brisé, je me serais soumis cependant, vous allez le révoquer, n'est-ce pas?.. ce consentement que vous refusiez tout à l'heure aux prières de l'amant, vous allez l'accorder aux larmes d'un fils?.. il n'y a qu'un moment je vous suppliais, à présent, je vous implore,.. je vous implore à genoux!..

AUGUSTINE, suppliante.

Oh! oui; oui, consentez, consentez à notre union!..

Mme DARBOIS.

Quoi, Paul... après ce que tu viens d'entendre... tu veux encore?..

PAUL.

Je veux le bonheur avec Augustine, ma mère!.. je veux ce que vous n'avez pas le droit de me refuser, je veux conserver intacte, et irréprochable, la mémoire de mon père!..

Mme DARBOIS.

Vivant, il ne voudrait pas de l'honneur à ce prix.

AUGUSTINE, les mains jointes.

Oh! appelez-moi, appelez-moi votre fille!..

PAUL.

Vous l'entendez?.. (Suppliant.) Allons, ma mère!.. ma mère! le nom que vous portez vous en fait un devoir!..

Mᵐᵉ DARBOIS, résistant, et désespérée.

Mais, ce que tu me demandes serait une lâcheté, que la vue d'Augustine te rappelerait chaque jour !..

PAUL.

Augustine, dites-vous !.. ah ! il m'a suffit d'un regard, d'un mot, pour qu'il me fût révélé que je ne puis pas craindre de lui devoir le salut de ma mère !..

AUGUSTINE.

Merci, merci, Paul, de m'avoir si bien comprise !

Mᵐᵉ DARBOIS, s'écriant.

Inspirez-moi, mon Dieu !..

PAUL, avec feu, à Forestier qui entre.

Ah ! venez, mon ami, venez nous aider à convaincre ma mère, dites-lui, que retarder d'un jour, d'une heure, son consentement à notre mariage, serait vouloir me désespérer, me rendre fou !..

Mᵐᵉ DARBOIS, de même.

Faites-lui plutôt comprendre qu'il maudirait bientôt ma faiblesse, vous qui savez bien que je ne puis, que je ne dois pas permettre ce mariage... (Avec effroi.) Ou plutôt, non, non, taisez-vous ! taisez-vous !..

FORESTIER, appuyant sur chaque mot.

A la fois, honoré de l'amitié de Paul, et de la vôtre, Madame... je m'abstiendrai de prendre parti, ni pour ni contre lui... m'en remettant à la prudence dont vous, sa mère, ne pouvez manquer de faire preuve dans cette grave circonstance.

Mᵐᵉ DARBOIS, abattue.

Mon Dieu ! que résoudre ?.. (A la vue de Paul, tombé éploré sur le banc.) Mais cet affreux désespoir !.. (Courant à lui.) Ah ! par pitié, mon enfant !..

PAUL, pleurant.

Si vous m'aimez, ma mère... si le souvenir de mon père vous est saint et sacré... au nom du Ciel, laissez-vous fléchir !..

Mᵐᵉ DARBOIS, s'écriant.

Il doute que je l'aime !.. mais, ces larmes !.. cette douleur !.. ah ! c'en est trop !..

FORESTIER, à part, avec inquiétude.

Que va-t-elle faire ?..

Mᵐᵉ DARBOIS, vaincue.

Augustine... ma fille !.. dans mes bras, dans mes bras !..

PAUL, et AUGUSTINE.

Ah ! (Tous deux se jettent au cou de Mᵐᵉ Darbois qui les tient un moment embrassés.)

FORESTIER, à part.

A lui Augustine et sa fortune... Oh ! non, pas encore !..

PAUL.

Merci, merci, ma mère !..

AUGUSTINE, avec feu.

A vous ma reconnaissance et mon amour !.. mais celle qui fut une mère pour moi, celle que son âge et ses infirmités retiennent éloignée de nous, doit, sans retard, partager ma joie... A bientôt... à bientôt !

(Elle sort en courant par la grille du fond. Mᵐᵉ Darbois est tombée accablée sur un siége. Paul est à ses pieds.)

FORESTIER, à part.

Oui, c'est cela... (Il hésite un moment, puis se décidant.) Allons ! c'est le seul moyen d'empêcher ce mariage !..

(Il sort précipitamment par le fond, sans être remarqué de Mᵐᵉ Darbois et de Paul, tout entiers aux sentimens qui les animent.)

SCÈNE IX.

Mᵐᵉ DARBOIS, assise, PAUL, à ses pieds.

PAUL, avec reconnaissance.

Encore une fois, merci de ce que tu viens de faire pour moi; car c'est la vie que tu me sauves, c'est le bonheur que tu me donnes !..

Mᵐᵉ DARBOIS.

Il te fait donc bien heureux ce mariage ?.. tu l'aimes donc bien Augustine ?..

PAUL.

Presque autant que toi, ma bonne mère !..

Mᵐᵉ DARBOIS, lui prenant la tête à deux mains et l'embrassant au front.

Mon Paul !.. (A part et douloureusement.) Dieu juste !.. prenez-moi la première !..

PAUL.

Qu'as-tu donc, mère ?.. pourquoi ton regard se détourne-t-il de moi ?.. pourquoi des larmes dans tes yeux ?..

Mᵐᵉ DARBOIS, s'oubliant.

Pourquoi je pleure ?..

PAUL.

Douterais-tu de l'avenir ?.. Oh ! rassure-toi; notre part de bonheur sera large et belle... tous trois, unis par le cœur, nous pourrons défier l'infortune... car nous ne nous quitterons jamais, ma bonne mère... tu vieilliras entourée des soins, des caresses de tes enfans... de tes enfans dont, avec un mot, tu viens de combler tous les vœux !

Mᵐᵉ DARBOIS, retenant mal ses larmes.

Assez, assez, Paul... l'avenir est à Dieu !..

PAUL, se levant.

Voyons, parlons de mes projets, du bonheur que me promet l'amour d'Augustine !..

Mᵐᵉ DARBOIS, à part, tristement.

Des projets !..

PAUL, continuant.

Quel noble cœur !.. et qu'elles me sont légères et douces les obligations que je vais contracter envers elle !.. Cependant, ma bonne mère, que ta délicatesse se rassure... cette riche dot de ma femme, je prétends l'utiliser; je prétends, aidé de tes conseils, me refaire une fortune égale à celle que j'accepte aujourd'hui... et, pour cela, mon rôle d'homme inutile doit faire place à celui de chef intelligent et actif de notre filature.

Mᵐᵉ DARBOIS.

Quoi, tu veux ?..

PAUL.

Réparer le temps perdu; oui, ma mère, devenir ce que fut mon père, ce qu'étaient mes frères : un bon et utile commerçant... Ainsi donc, voilà qui est décidé : aussitôt marié, plus de chasse, plus de pinceaux, plus d'oisives occupations enfin !.. toujours à mon bureau... que je

ferai placer à côté de celui de ma femme... ad-
ditionnant, multipliant... ou bien dans mes ateliers, surveillant, travaillant moi-même... toujours, aussi, le premier debout et le dernier
couché... C'est d'un bon exemple... vas, tu ver-
ras !..

Mme DARBOIS, effrayée.

Mais ce que tu veux entreprendre est au dessus de tes forces !..

PAUL, gaîment.

Laisse donc !.. A t'entendre, je devrais me
soigner comme une demoiselle, moi, plein de
vigueur et de santé !..

Mme DARBOIS.

Paul, tu réfléchiras...

PAUL.

Oh ! c'est tout réfléchi, ma mère... comme toi,
j'ai de la fierté dans l'âme, et je veux prouver à
Augustine que ce n'est pas l'espoir d'une vie d'o-
pulence qui m'a fait, moi, pauvre, accepter sa
main !..

(Tumulte à gauche, bruit de voix, cris.)

Mme DARBOIS.

Qu'est-ce que cela ?..

HERCULE, dans la coulisse.

Attrape !.. à un autre !.. Comment trouves-tu
ça?.. Tiens, tiens, tiens!..

PAUL.

C'est la voix d'Hercule !..

(Le calme se rétablit. Hercule paraît.)

SCÈNE X.

LES MÊMES, HERCULE.

HERCULE, montrant le poing à la cantonnade.

Ah ! tas de *feignans* !.. je vous apprendrai,
moi, à bouder sur l'ouvrage !..

Mme DARBOIS.

Que s'est-il donc passé ?..

HERCULE.

Une misère ; ne faites pas attention, bourgeoise. (Il tousse.) Me mettre dans un état pa-
reil !.. (A la cantonnade.) Si je n'étais pas si faible,
vous en auriez vu bien d'autres, allez !..

Mme DARBOIS, inquiète.

Je veux savoir ?..

HERCULE.

Figurez-vous, bourgeoise, que ce mauvais régiment de conscrits refusait le service, et ça
sous prétexte qu'on a oublié de faire la paie...
Je viens de la faire, moi, la paie... et je n'ai pas
été long à régler les comptes.

PAUL, vivement.

Quoi, ma mère ?..

Mme DARBOIS, tristement.

Il a dit vrai, Paul.

HERCULE.

Du premier coup de poing, j'ai aplati le nez de
Jean-Baptiste ; du second, j'ai cassé trois dents
à Calichet... et le silence s'est immédiatement ré-
tabli dans les rangs.

PAUL.

Suivez-moi dans les ateliers, ma mère... votre présence suffira pour les calmer.

Mme DARBOIS.

J'irai seule... Je ne veux pas que tu t'exposes
à leur colère.

HERCULE.

Soyez calme, bourgeoise... J'emboîte le pas,
et le premier qui bouge, je l'assomme !

(Le tumulte continue.)

PAUL.

Venez, venez, ma mère !

HERCULE, retroussant ses manches.

Attendez, attendez... me voilà.. je suis à vous,
mes agneaux.

(Paul entraîne Mme Darbois, Hercule les suit. Forestier a paru à la grille.)

SCÈNE XI.

FORESTIER, seul, une lettre à la main.

Le voilà qui entre dans les ateliers avec sa
mère... (Regardant à gauche.) Je ne vois pas Augustine... non, elle n'est pas avec eux... (Descendant la scène.) Toutefois elle ne doit pas être
loin ; car voici encore sa corbeille à ouvrage...
Eh mais, j'y pense.. ce moyen que je cherchais...
(Réfléchissant.) Oui... et il ne s'agirait que de bien
choisir l'instant... (Moment de silence.) J'avais
d'abord songé à m'adresser directement à Mme
de Sevrin... mais elle parlerait peut-être... et le
monde pourrait ne pas envisager ma conduite
comme l'accomplissement d'un devoir... (Marchant.) Tout bien pesé, cette marche est la plus
sûre... Oui, Paul renoncera de lui-même à cette
alliance qui est devenue pour moi une nécessité ;
car non seulement j'aime Augustine avec passion, mais encore mes créanciers de Paris pres-
sent et menacent, et un éclat suffirait pour m'enlever en un jour, cette réputation que j'ai mis
quatre années à acquérir... (S'arrêtant.) Ce premier pas fait, Mme de Sevrin dont j'ai su gagner
l'estime et l'affection et qui m'aurait préféré
pour époux à sa petite-fille, Mme de Sevrin ac-
cueillera ma recherche avec empressement... il
ne me restera plus qu'à vaincre la résistance
d'Augustine, dont je possède déjà l'amitié, et
avec le temps et un peu d'adresse... (Bruit à
gauche.) Quelqu'un sort des ateliers... c'est Paul !
il est seul... (Jetant un regard sur la corbeille.) Lais-
serai-je échapper l'occasion quand elle se présente d'elle-même ?.. Oh ! non... voyons... oui,
c'est cela... il approche... à mon rôle.

(Il s'assied vivement près du guéridon de pierre, tour-
nant à moitié le dos à la porte ceintrée par où entre Paul. — Il tient la lettre.)

SCÈNE XII.

FORESTIER, PAUL.

PAUL, à lui-même en entrant.

Les larmes et les promesses de ma mère les
ont fait rentrer dans le devoir... Mais Augustine
tarde bien... C'est Forestier, que fait-il donc là ?

(Il fait un pas vers lui.)

FORESTIER, haut, à lui-même et tristement.

Malheureuse Augustine !

PAUL, à part, s'arrêtant étonné.

Augustine ?

FORESTIER, continuant.

Oh ! mais il n'est pas encore fait ce mariage
qui causerait son désespoir.

PAUL, à part, stupéfait.

Que dit-il donc?

FORESTIER, continuant.

Toi, la femme de Paul!.. oh! non... et c'est à moi de te soustraire à ce malheur!..

PAUL, à part.

Qu'ai-je entendu!.. Mais on dit qu'il l'a aimée!.. ah! s'il l'aimait encore!.. si Augustine!... (Moment de silence.) Mais cette lettre qu'il tient!.. si c'était pour elle!..

FORESTIER, se levant.

Plaçons vite ma lettre parmi ces broderies où elle ne peut manquer de la trouver.

(Il cache la lettre dans la corbeille.)

PAUL, à part et chancelant.

Oh! je rêve!

FORESTIER, à part.

Il me voit... bien!

PAUL, à part.

Trahi!.. et par tous les deux!! (Il fait un pas vers Forestier.) Malheureux!.. (Il s'arrête.) Non... c'est armé de la preuve de leur crime que je veux les accabler. (Il disparaît un instant dans l'atelier.)

FORESTIER, à part.

Il attend mon départ...

(Fausse sortie par le fond.)

PAUL, reparaissant.

Parti!.. allons!   (Il court à la corbeille.)

FORESTIER, du fond.

Mais il serait peut-être imprudent de le perdre de vue.

(Il entre dans les ateliers sans être vu de Paul.)

PAUL, se décidant.

Ah! la vérité dût-elle me tuer, je la saurai tout entière!.. (Il fouille dans la corbeille avec agitation sans y rencontrer d'abord ce qu'il cherche; puis en tire enfin la lettre dont il regarde avidemment la suscription.) « A Mlle Augustine de Sevrin. » (Il va pour l'ouvrir et s'arrête.) Cachetée!.. Ah! n'importe!.. je le dois si je ne veux pas devenir fou!.. (Il brise précipitamment le cachet, ouvre la lettre, veut lire, et n'y voyant pas, se passe à plusieurs reprises la main sur les yeux.) Allons, voyons, remettons-nous... remettons-nous. (Puis, lisant.) « Pardonnez-moi, Augustine, car je vais vous bri-»ser l'âme, car votre bonheur qui me serait si »cher, au prix même du mien, je vais le détruire... »pardonnez-moi, car dans un instant votre af-»fliction sera telle, que les regrets que j'en éprou-»ve d'avance pourront seuls lui être comparés... »mieux vaut, cependant vous faire au cœur une »profonde blessure que le temps cicatrisera, que »de vous vouer par mon silence à une vie tout »entière de larmes et de deuil... Je n'hésite donc »pas... pardonnez-moi... (Parlant) Ce langage! »(Lisant.) Tant que votre hymen ne fut qu'un de »ces projets dont l'accomplissement n'était qu'une »espérance, j'aurais regardé comme un crime »de vous dévoiler une terrible vérité... mais avec »les circonstances, le devoir change... Le mien »est donc, aujourd'hui que votre mariage est »résolu, de vous informer de ce que mon expé-»rience et mes observations assidues m'ont ame-»né à découvrir sur la situation de mon malheu-»reux ami... situation qui devient de plus en »plus alarmante...» (Parlant.) Raille-t-il?.. ou parle-t-il sérieusement?.. je tremble de conti-nuer... (Lisant.) « Je vous déclare donc, et cela

»la main sur le cœur et les larmes aux yeux, que »Paul Darbois...» (Il reste un moment le regard fixe, puis :) Qu'ai-je lu?.. (Se passant la main sur les yeux.) Mais non... il ne peut y avoir cela! (Continuant.) «que Paul Darbois... est destiné à mou-»rir bientôt... et de la même maladie que son »père et ses frères... souvenez-vous que tous »trois ont succombé à une maladie de poitrine!» (Ici il laisse tomber ses bras avec découragement, un tremblement s'empare de tous ses membres, puis il répète en balbutiant.) Tous trois ont succombé... O mon dieu! c'est donc ce cruel fléau qui a fait ma mère veuve, et m'a enlevé mes frères?.. On me l'avait toujours caché... Oh! voilà pourquoi on m'a envoyé bien loin de Saint-Valery, passer ma jeunesse dans le midi de la France... Mais c'est une affreuse révélation, cela!.. Voilà aussi le secret des pleurs solitaires de ma mère, de ses continuelles alarmes... une terrible vérité se montre à moi... Oh! oui terrible!.. (Il cherche à se remettre et continue sa lecture.) « Cette maladie, »héréditaire dans les familles... et si cette règle »impitoyable présente quelques rares excep-»tions... Paul Darbois n'en sera pas une... (Par-»lant.) Mon Dieu! (Lisant.) Heureusement pour »notre ami, les poitrinaires sont toujours les der-»niers à s'apercevoir de leur état... Quant à »vous, Augustine, avant de songer au bonheur »d'être épouse, pensez que vous serez mère, et »qu'un jour vos enfans maudiraient la vie qu'ils »tiendraient de leur père! » (Ici un long silence. Il considère la lettre d'un air égaré, se passe la main sur le front comme pour en enlever un poids qui le presse. — Ce jeu de scène est entièrement à l'intelligence de l'acteur. — Puis parlant.) Cette maladie est héréditaire... il l'a écrit... (Regardant la lettre.) Oui... oui... il l'a écrit Oh! mais c'est affreux! affreux! (Nouveau silence. Puis se tâtant la poitrine.) Pourtant, je n'ai jamais éprouvé aucune dou-leur... jamais!.. oui, mais ils sont les derniers à s'apercevoir de leur état... la vie, chez eux, s'en va avec un sourire... un médecin sait cela... lui, Forestier surtout qui est savant. (Se promenant avec agitation.) Condamné, moi!.. comme mon père... comme mes frères... à vingt et un ans! mourir!.. Tout est donc évanoui... rêve de bon-heur... rêve d'amour... dans notre maison, la misère... dans mon sein, la mort!.. Mon Dieu! en vous est ma dernière espérance!.. non... pas même l'espérance!.. je suis condamné!.. condamné!.. (Il tombe accablé sur un siége. — Bruit de voix à gauche. Il se relève aussitôt.) On vient! (Avec égarement.) Que me veut donc tout ce monde?.. ah! je me rappelle!

LES OUVRIERS, dans la coulisse.

Vive Mme Darbois!.. Vivent nos jeunes bour-geois!

PAUL.

Assez! assez!.. ces cris ne sont pas de cir-constance... ce sont des cris de mort qui doi-vent résonner à l'oreille du condamné... La voix de ma mère! (Avec désespoir.) Ma pauvre mère! Ah! cachons, cachons cette lettre qu'elle ne doit jamais connaître. (La mettant précipitamment dans son sein.) A moi, à moi seul mon secret!

(Il s'efforce de se calmer et de composer son main-tien. Les ouvriers sortent bruyamment des ateliers ; au milieu d'eux, sont Mme Darbois, Forestier et Hercule.)

∞∞∞∞∞∞∞∞∞∞∞∞∞∞∞∞∞∞∞∞∞∞∞∞∞∞∞∞∞∞∞

SCÈNE XIII.
PAUL, FORESTIER, Mme DARBOIS, HERCULE et LES OUVRIERS, puis AUGUSTINE.

Mme DARBOIS, en entrant.

Oui, mes amis, avant un mois Mlle de Sevrin sera la femme de mon fils.

(Paul fait un mouvement.)

HERCULE.

Dieu de dieu qu'elle noce!.. pour ce jour-là, Major, j'entends et je prétends être radicalement guéri... arrangez-vous pour ça. (Forestier traverse la scène sans affectation et s'approche de Paul. Hercule aux ouvriers pendant ce jeu de scène.) Une supposition qu'il y en aurait parmi vous qui seraient encore d'humeur de lâcher la besogne... on ne retient personne et la grille est ouverte... Si le cœur t'en dit, Galichet, ne te gêne pas, mon vieux... je me charge de te reconduire.

PAUL, bas à Forestier.

Vous pouviez tuer une jeune fille en voulant la sauver... un hasard que je bénis a réparé votre imprudence.

FORESTIER, bas, jouant l'effroi.

Achevez... (Paul lui montre la lettre qu'il a à moitié tirée de son sein.—Forestier ajoute.) Que vois-je!... ma lettre à Mlle de Sevrin !

PAUL, bas et vivement.

Silence !.. ma mère a les yeux sur nous.

Mme DARBOIS, à part.

Comme il est pâle !

AUGUSTINE, accourant par le fond, à Mme Darbois.

Je viens vous dire que ma bonne maman qui approuve tout, veut bien que ce soir même nous signions le contrat.

PAUL, à part et tressaillant.

Le contrat !

FORESTIER, à part l'observant.

Que va-t-il faire ?

Mme DARBOIS.

Durocher, c'est vous que je charge de prévenir mon notaire.

HERCULE.

Je m'y transporte immédiatement.

(Il va pour sortir.)

PAUL, vivement et faisant quelques pas en chancelant.

C'est inutile ! demeure.

Mme DARBOIS, avec inquiétude.

Inutile !.. et pourquoi ?

PAUL, défaillant.

Pourquoi ? (Avec effort.) Parce que je ne me marie plus, ma mère !   (Étonnement général.)

AUGUSTINE, vivement.

Que dites-vous là, Paul ?

PAUL.

Ce mariage est impossible !

Mme DARBOIS, le considérant avec effroi.

Oublies-tu que ce matin, c'est à genoux et les mains jointes que tu implorais mon consentement ?

PAUL, défaillant.

Ce matin... c'est vous qui aviez raison, ma mère... Oui, j'ai réfléchi... J'ai compris que Paul Darbois ruiné ne pouvait prétendre honorablement à la main de Mlle de Sevrin.

HERCULE, à part.

Je commence à le croire aussi malade que moi.

Mme DARBOIS, à part.

Mon Dieu ! que s'est-il donc passé ?

AUGUSTINE, à mi-voix.

Paul... c'est pour votre mère que je vous supplie, pour votre mère menacée de ruine et de déshonneur !

PAUL, avec désespoir, à part.

Ma mère !.. ah ! c'est affreux à penser!.. mais un jour, mes enfans... oui, il l'a écrit... Oh! jamais !.. jamais!

(Il sort précipitamment et avec égarement par le fond.—Stupéfaction générale.)

FORESTIER, à part.

J'ai réussi.

TABLEAU.—LA TOILE TOMBE.

ACTE II.

n petit salon, faisant partie du corps de logis occupé par Paul. Deux portes latérales; celle de gauche conduit à sa chambre à coucher, celle de droite, à la chambre occupée par Hémery. Porte d'entrée au fond. Fenêtre à droite, ouvrant sur le jardin. Cheminée surmontée d'une glace. Un secrétaire, une table, etc.

SCÈNE I.

HERCULE, AUGUSTINE, puis HÉMERY.

(Il la fait entrer avec précaution par la porte du fond.)

HERCULE.

Quand je dis, Mamzelle, qu'il n'y est pas... que vous êtes ici ou ne plus *encognito*.

AUGUSTINE.

Où est Mme Darbois?..

HERCULE.

Dans sa chambre.

AUGUSTINE.

Et Paul?..

HERCULE.

Décampé au point du jour.

AUGUSTINE.

Et où peut-il aller, si matin?..

HERCULE.

Par-ci, par-là... sur la route de Fécamp, au bord de la mer... toujours seul... Ah! s'il ne mange pas, c'est pas faute de prendre l'air... moi, que je *la* prenne ou non, j'ai tout de même faim... Allez, Mamzelle Augustine, il est bien changé depuis deux mois qu'il ne veut plus vous épouser.

AUGUSTINE.

Pauvre Paul!.. Mais je tremble qu'il ne me surprenne ici... et cependant il faut parler à M. Hémery, leur nouvel hôte...

HERCULE.

Ah! ce vieux Monsieur décoré, qui est arrivé de Montpellier, ce matin avant le jour; il s'appelle M. Hémery?.. Est-ce que c'est un ami à vous, Mamzelle?

AUGUSTINE.

Oui, et un ami sincère... mais informez-vous s'il est réveillé, et prévenez-le que je l'attends ici.

HERCULE, baissant la voix.

Avant, mamzelle Augustine, il faut absolument que je vous confie quelque chose que j'ai découvert, il y a une quinzaine de jours...

AUGUSTINE.

Parlez?..

HERCULE.

Vous allez dire que c'est un conte, et c'est vrai pourtant, foi de Durocher... Apprenez donc qu'un matin, au petit jour, après mon premier déjeûner, j'entre doucement, là, dans la chambre de M. Paul, et que je le trouve... devinez dans quelle position?..

AUGUSTINE.

Il travaillait?..

HERCULE.

Oui, et non... Il était planté devant son chevalet, les yeux tout grands ouverts... je lui dis bonjour... rien, motus... Figurez-vous, Mamzelle, qu'il dormait tout debout!..

AUGUSTINE.

Que dites-vous?.. Paul serait devenu somnambule?..

HERCULE.

C'est ça... il est *somnambule*.

AUGUSTINE.

Est-ce bien possible?.. et qu'avez-vous fait?..

HERCULE.

J'ai pris la porte... ce n'est pas que j'avais peur... mais je tremblais comme un conscrit... Hein? que dites-vous de ça?...

AUGUSTINE.

Hercule, ne répétez jamais à Mme Darbois dans quel état vous avez vu son fils... la pauvre femme a déjà trop de chagrins!

HERCULE.

Je serai muet, Mamzelle.

AUGUSTINE.

C'est bien... hâtez-vous de prévenir M. Hémery... je suis impatiente...

HERCULE.

Tenez, voilà la porte de sa chambre qui s'ouvre... on dirait qu'il a deviné que vous étiez là. (Hémery paraît.)

AUGUSTINE, courant à lui.

M. Hémery!..

HÉMERY, avec joie.

Augustine!..

AUGUSTINE.

Enfin, c'est vous!.. (Elle regarde Hercule.)

HERCULE.

Compris, Mamzelle... je cours me livrer à mon second déjeuner... l'estomac me tombe... Salut, bourgeois...

HÉMERY.

Pour faciliter la digestion, tu iras, en te promenant, au bureau de la diligence réclamer deux malles à mon adresse... tu les feras déposer dans ma chambre.

HERCULE.

Suffit, bourgeois.

HÉMERY, le rappelant.

Ah!.. passe aussi chez le médecin de madame Darbois, et prie-le de vouloir bien me faire prévenir de l'heure à laquelle il sera libre... j'aurai l'honneur de lui rendre ma visite.

HERCULE.

Vous serez satisfait... (A part.) Est-ce qu'il serait malade?.. on ne le dirait pas... juste comme moi. (Il sort.)

SCÈNE II.

HÉMERY, AUGUSTINE.

AUGUSTINE.

Vous voilà donc, M. Hémery!.. vous que j'attendais avec tant d'impatience!

HÉMERY.

Merci de votre confiance, ma chère Augustine... elle est douce au cœur de votre vieil ami... (Il l'embrasse au front.) Merci!..

AUGUSTINE.

Parlons de lui, je vous en prie!.. vous savez ce qui se passe, M. Hémery?.. vous savez que Paul refuse ma main?.. et pourtant il m'aime, je n'en puis douter... Et pour avoir rompu aussi brusquement ce mariage, qu'il appelait de tout ses vœux, il faut un motif bien puissant; il existe, j'en suis certaine!.. inconnu jusqu'à ce jour pour sa mère et moi... Mais vous le découvrirez, n'est-ce pas?.. Oh! dites-moi que vous le découvrirez?..

HÉMERY.

Oui, oui, je vous le promets... (A part.) Elle ne sait rien.

AUGUSTINE.

Oh! vous le ramènerez à moi, n'est-ce pas?.. c'est qu'il le faut, voyez-vous !.. car les choses sont bien changées ici... Depuis un mois, les ateliers sont presque déserts, la plupart des ouvriers de Mme Darbois ont abandonné sa filature, elle est entièrement ruinée, et d'heure en heure une expropriation la menace !

HÉMERY, tristement.

Je sais tout cela...

AUGUSTINE, continuant.

Je ne demande donc pas ce mariage, seulement parce que je suis malheureuse, mais encore parce que Paul est pauvre maintenant, parce qu'il n'a plus de joie à attendre ici-bas... plus rien, que la misère et les larmes en perspective... et moi qui suis si riche, je veux le soustraire à sa pauvreté... et moi qui l'aime, je veux le rendre à la joie et sécher ses larmes !.. N'est-ce pas que c'est mon devoir?.,

HÉMERY.

Noble enfant! que ne puis-je partager cette tâche avec vous !.. mais je n'ai pas de fortune, vous le savez... ma vie s'est passée à consoler et non à m'enrichir... n'importe, comptez sur moi... ce que l'amitié tente, le ciel l'exauce... c'est ma devise... espérez donc !

AUGUSTINE.

Je vous quitte, M, Hémery, car Paul ne peut tarder à venir vous embrasser, et je n'ose rester... mais si vous réussissez... n'oubliez pas que j'attends, et que je souffre.

HÉMERY.

Allons, du courage... et bon espoir.

(Il l'embrasse au front.)

AUGUSTINE.

Vous veillez sur mon bonheur... je me sens déjà rassurée... au revoir, mon ami... au revoir. (Elle sort par le fond.)

SCÈNE III.

HÉMERY, seul.

Oui, comptes sur moi, excellente jeune fille!.. mais si je dois en croire une mère au désespoir, que pourrai-je pour ton bonheur?.. J'ai dû lui cacher à la pauvre enfant que Mme Darbois ne m'a supplié de me rendre à Saint-Valery que pour rétablir, s'il en est temps encore, la santé de son fils... (Tirant une lettre.) La fin de sa lettre est vraiment alarmante. (Il lit.) Venez à mon secours; car Paul se meurt... vous ne le reconnaîtriez pas tant il est changé et affaibli... M. Forestier, notre médecin, et son plus intime ami, est un homme habile et dévoué, en qui ma confiance est grande... mais en vous elle est sans bornes... Je vous demande donc à genoux de partir sans retard, car avec la saison, le mal de mon fils fait des progrès mortels... et je n'espère qu'en vous...» (Parlant.) Voilà qui est étrange, et qui renverse tous mes calculs... lorsqu'il y a huit mois, Paul m'a laissé à Montpellier... rien n'apparaissait... il semblait au contraire avoir hérité de la constitution, de la santé de sa mère... Oui, mais huit mois se sont écoulés !.. et si je dois ajouter foi à cette lettre, le mal se serait manifesté tout-à-coup, terrible et irréparable... Cependant je ne puis croire encore... non, je m'y connais moi !.. Du reste, M. Forestier est l'intime de Paul... chacun loue le talent et les bonnes qualités de ce jeune médecin... il saura éclaircir mes doutes, et peut-être parviendrons-nous à ramener la joie dans cette famille, que j'aime comme si elle était la mienne.

(La porte du fond s'ouvre, Forestier paraît.)

SCÈNE IV.

HÉMERY, FORESTIER; il semble inquiet.

FORESTIER, en entrant.

Durocher vient de m'avertir, Monsieur, qu'un étranger, arrivé cette nuit chez Mme Darbois, désirait me rendre visite, et je m'empresse de le prévenir.

HÉMERY.

Cet étranger, c'est moi, monsieur.

FORESTIER.

Ah!.. pourrais-je savoir alors le motif?..

HÉMERY.

Il est bien naturel, mon cher confrère... et je vais vous l'apprendre.

FORESTIER, avec étonnement.

Vous êtes médecin, monsieur?..

HÉMERY.

Oui, et, comme vous, médecin de province... et depuis trente ans... Mon nom vous est connu sans doute car, ainsi que le vôtre, on ne le prononce qu'avec plaisir dans cette maison.

FORESTIER.

M. Hémery?..

HÉMERY.

Oui, Hémery de Montpellier.

FORESTIER, à part.

Qui l'amène?.. Paul lui aurait-il écrit?.. Aurait-il connaissance de ma lettre?..

HÉMERY.

La profession que nous sommes fiers d'exercer nous permet un échange de franchise... J'ai besoin de la vôtre, monsieur Forestier; je la réclame... me la promettez-vous?..

FORESTIER.

Mais... certainement, monsieur...

HÉMERY.

Je vais au fait... Madame Darbois, vous le savez, a conçu de sérieuses craintes sur la santé de son fils...

FORESTIER, l'interrompant.

Ah! c'est madame Darbois qui vous a mandé, monsieur?..

HÉMERY, vivement.

Elle est bien pardonnable, allez... Du reste, monsieur Forestier, je vous l'assure, sa confiance en vos lumières, en votre attachement pour Paul ne diminuera jamais... et moi, votre aîné dans l'art, je la partage... et je viens à vous pour m'éclairer de vos conseils et savoir que répondre à cette mère désolée quand elle m'adjurera de lui dire si un danger réel menace, ou non, son dernier enfant. Eh bien?..

FORESTIER, hésitant.

Eh bien, monsieur...

HÉMERY.

Vous hésitez?.. (Avec effroi.) Oh! mais, serait-il donc condamné?.. Vous vous taisez?.. Mon Dieu!.. ce silence... Oui, je comprends... (Tirant la lettre de Mme Darbois.) et cette lettre contient une affreuse vérité!

FORESTIER, avec un grand trouble, allant pour la saisir.

Quelle lettre?.. et de qui cette lettre?..

HÉMERY, le fixant avec étonnement.

Mais de madame Darbois.

FORESTIER, à part, se remettant.

Ah! ce n'est pas la mienne!..

HÉMERY, tristement.

Malheureux Paul!.. Qui eût dit cela, il y a quelques mois?.. (D'une voix altérée.) Ainsi donc, monsieur.... votre opinion est qu'il n'y a pas de ressource?.. pas d'espoir?..

FORESTIER.

Je le crains... mais vous voilà, monsieur... et, avec vous, l'espoir peut encore rentrer dans cette maison.

HÉMERY.

Et que pourrai-je de plus que vous?.. Que peut le médecin, quel qu'il soit, là où la médecine est impuissante?.. Que peuvent la science et ses miracles contre un arrêt du ciel?..

FORESTIER.

Cet arrêt, que vient de me dicter ma conviction, cet arrêt, que jusqu'à ce jour j'ai refusé aux instances d'une mère en pleurs, peut-être le ciel ne l'a-t-il pas sanctionné... peut-être le danger m'a-t-il apparu plus imminent qu'il ne l'est en réalité.

HÉMERY.

Dieu veuille que les terreurs de l'ami aient abusé le médecin!.. Mais non... quand vous venez de prononcer sa condamnation, il y aurait démence à vouloir douter... Mais, dites-moi?., connaît-il son état?.. soupçonne-t-il sa fin aussi prochaine?..

FORESTIER.

Tout me porte à croire qu'il l'ignore.

HÉMERY.

Cependant, ce mariage si brusquement rompu... ce refus constant, opiniâtre de s'unir à celle qu'il aime...

FORESTIER.

Jamais, devant moi, il n'a manifesté aucune crainte sur sa santé.

HÉMERY.

Alors, si la rupture de son mariage se rattache à une autre cause, il a dû vous la confier, à vous, son plus sincère ami, son frère?..

FORESTIER.

Non... Après cela, il est des secrets qu'on ne confie pas, même à ses meilleurs amis.

HÉMERY.

Oui, le cœur a ses mystères aussi, je le sais... (Bruit de pas au fond.) Mais, n'est-ce pas lui que j'entends?.. (Mme Darbois paraît.) Sa mère!.. (Bas à Forestier.) Ah! qu'elle ne sache pas encore que son malheur est certain.

<hr>

SCÈNE V.
LES MÊMES, Mme DARBOIS.

Mme DARBOIS, en entrant.

Ensemble déjà!.. (Leur tendant à chacun la main.) Oh! merci, mes seuls, mes véritables amis!

HÉMERY.

Comme vous m'y avez autorisé, j'ai confié à M. Forestier le secret de mon voyage...

Mme DARBOIS, tremblante, et les interrogeant du regard.

Eh bien?..

HÉMERY, échangeant un coup-d'œil avec Forestier.

Eh bien!.. il pense comme moi, que vos prévisions sont exagérées... que le péril, s'il existe... est encore éloigné et facile à combattre... Il pense que la raison doit imposer silence à des alarmes... que rien ne justifie jusqu'à présent.

Mme DARBOIS.

Si vos paroles sont sincères, Hémery... si tous deux, vous n'êtes pas d'accord pour tromper ma douleur, dès que vous l'aurez vu, le pauvre enfant, vous changerez de langage... Que j'impose silence à mes alarmes, dites-vous?.. Ce qui, chaque jour, les augmente au contraire, ce qui m'effraie davantage, c'est sa feinte gaîté, à laquelle je préférerais une franche tristesse... Sous chacun de ses sourires, je découvre une sombre amertume... Quand il m'embrasse, sa lèvre est brûlante... et bien souvent, déjà, malgré sa contrainte en ma présence, je l'ai surpris portant douloureusement la main à sa poitrine.

FORESTIER.

Cependant, moi qui l'observe avec soin, je n'ai jamais remarqué...

Mme DARBOIS.

Parfois encore, après avoir affecté de se montrer joyeux et satisfait de son sort, il court me dérober son chagrin dans les endroits les plus solitaires... Là, il lit un livre... toujours le même... et ce livre paraît l'intéresser beaucoup... et quand ce n'est pas ce livre qu'il lit... alors, c'est une lettre!.. (Forestier fait un mouvement.)

HÉMERY.

Une lettre?..

Mme DARBOIS.

Depuis deux mois, à peu près, l'un et l'autre ne le quittent jamais... Et cette lettre, mes amis, est une des causes de sa douleur, je n'en saurais douter... Que de fois, déjà, je l'ai surpris, pâle, pleurant, absorbé, cette lettre mystérieuse à la main... il en couvre, en sanglotant, son visage amaigri; il la mouille de ses larmes, et puis, au moindre bruit, celui d'une feuille qui tombe, il la cache... alors, son regard devient inquiet ; mais, aperçoit-il quelqu'un, son visage altéré se colore, s'anime, et il s'épuise en vains efforts pour faire croire à sa joie.

HÉMERY, à Forestier.

Et vous ne soupçonnez pas de qui Paul peut la tenir ?.. ni ce qu'elle renferme ?..

FORESTIER.

Il m'a toujours été impossible de le découvrir... J'ai renoncé à l'interroger.

Mme DARBOIS.

Mais il tarde bien...

FORESTIER, prenant son chapeau.

S'il est au jardin, je vais vous l'envoyer.

Mme DARBOIS, avec regret.

Vous nous quittez, monsieur Forestier ?..

FORESTIER, tirant sa montre.

Aussitôt que j'aurai vu Paul... dans deux heures, je pars pour Rouen, où je suis appelé en consultation.

Mme DARBOIS.

Et vous serez de retour ?..

FORESTIER.

Après demain.

HÉMERY.

Si, pendant votre absence, vous avez besoin d'un remplaçant auprès de vos cliens je suis à votre disposition.

FORESTIER.

Je ne refuse pas... et je vous remercie.

Mme DARBOIS, à la fenètre.

Tenez, Hémery, jugez par vous-même si j'exagère sa tristesse... regardez-le... là... dans l'allée en face.

HÉMERY, à la fenêtre.

Il tient cette lettre !..

FORESTIER, à part.

Restons... il faut absolument que je lui parle...

HÉMERY.

Ah !.. il nous a vus !..

Mme DARBOIS.

Que vous disais-je ?.. il la cache... il nous sourit... il vous a reconnu !..

HÉMERY, lui fesant signe de la main, et appelant.

Allons, hâte-toi, mon ami !.. j'ai besoin de t'embrasser !..

FORESTIER.

Il accourt...

Mme DARBOIS.

Le voici... observez-le bien.

HÉMERY.

Soyez tranquille.

(La porte du fond s'ouvre brusquement.)

SCÈNE VI.

LES MÊMES, PAUL.

PAUL, en entrant.

Vous, mon bon Hémery ! vous à Saint-Valery !..   (Il se jette au cou d'Hémery.)

HÉMERY.

Il faut bien que je vienne chercher de tes nouvelles, puisque depuis deux grands mois, tu ne m'as seulement pas donné signe d'existence.

PAUL.

Oh ! que c'est bien à vous, et que je vous sais gré d'un reproche qui témoigne de votre affection pour moi !.. mais, j'ignorais votre arrivée... vous descendez donc de voiture à l'instant ?..

HÉMERY.

C'est à quatre heures du matin que j'ai fait mon entrée dans Saint-Valery... mais tu dormais sans doute, et moi, je n'étais pas fâché de me reposer un peu.

Mme DARBOIS.

Comment as-tu passé la nuit ?..

PAUL.

Mais bien, ma bonne mère...

Mme DARBOIS.

Hier au soir, tu paraissais souffrant ?..

PAUL, gaîment.

Souffrant ?.. ah bien ! par exemple !.. dites donc, Hémery, vous qui vous y connaissez, vous n'en croyez pas ma mère, au moins... (A mi-voix.) Elle se fait comme cela des idées... (Haut, et lui tendant la main.) Ah ! ça, mon ami, vous nous restez long-temps, n'est-ce pas ?..

HÉMERY.

Certainement... certainement...

PAUL, changeant un instant de ton.

Pour le moment, notre maison n'est pas bien gaie, et sans doute, vous en savez déjà la cause... nous ferons, toutefois, en sorte de vous en rendre le séjour le moins triste possible... M. Forestier, que j'ai l'honneur de vous présenter, m'y aidera de tout son pouvoir...

FORESTIER, s'incline.

Oh ! j'ai déjà fait connaissance avec Monsieur...

PAUL.

Vous savez alors qu'il est votre confrère, et mon meilleur ami... vous pourrez discuter médecine ensemble, si cela vous amuse... quant à moi, je me charge de vous promener en mer, de vous mener à la chasse et de vous tenir tête à table !.. à ce dernier exercice, mon bon Hémery, je crois me rappeler, qu'à Montpellier, j'ai plus d'une fois été votre maître, et que rarement vous quittiez le champ de bataille, sans être légèrement blessé... tandis que moi !.. oh ! je n'ai rien perdu de mon ancienne valeur, allez !.. vous en jugerez !

Mme DARBOIS, bas à Hémery.

A travers cette gaîté qu'il affecte, ne le trouvez-vous pas cruellement changé ?..

HÉMERY, bas, et l'observant.

En effet...

PAUL, à part.

Qu'a-t-il donc à me regarder ainsi ?.. et pourquoi ces paroles échangées entr'eux à voix basse ?.. mon Dieu !.. cette brusque arrivée d'Hémery... tant d'efforts pour cacher mes souffrances auraient-ils été inutiles !..

FORESTIER, bas à Paul.

Y pensez-vous ?.. nous ne sommes pas seuls.

HÉMERY, haut.

Mais, tu ne me parles pas de tes progrès en peinture... aurais-tu subitement renoncé à devenir un Raphaël ou un Rubens ?.. car, je me souviens, que dans tes rêves d'artiste, tu ne songeais à rien moins que cela.

PAUL.

C'est bon, riez, moquez-vous de moi !.. mais je pense plus que jamais, sinon, à égaler nos grands maîtres, du moins, à ne pas les faire

trop rougir de leur élève... dame ! qui sait ?.. je
suis jeune... j'ai de longues années devant moi !..

Mme DARBOIS, bas à Hémery.

Voyez donc... on dirait qu'il a peine à se soutenir.

PAUL, à part.

Toujours ce regard pénétrant d'Hémery...
plus de doute... c'est pour moi, pour moi seul
qu'il est venu... (Haut, et se ranimant tout-à-coup.)
Ah, ça ! mon cher Hémery, savez-vous qu'il y a
presque de l'héroïsme à faire ainsi plus de cent
lieues... pour le seul plaisir d'embrasser les
gens... car, vous nous avez assuré que c'était là
l'unique but de votre voyage à Saint-Valery ?..

HÉMERY.

L'unique... non.

PAUL, vivement, et le regardant.

Non, dites-vous ?..

HÉMERY.

J'y viens aussi pour quereller un entêté... Ah !
Monsieur ne se marie plus !..

PAUL, vivement.

Oh ! de grâce, Hémery, pas un mot de cela...

HÉMERY.

En ce moment, non... il ne sera pas dit qu'à
peine arrivé, je débuterai par me mettre en colère... et pour éviter la tentation, je vais, avant
le dîner, faire un tour sur le port... cela dissi-
pera la mauvaise humeur qui commence à me
gagner.

Mme DARBOIS.

Allez, mon ami, et ne vous éloignez pas
trop...

HÉMERY, à Forestier.

Vous restez, mon cher confrère ?.. (Lui tendant la main.) Si je ne vous revois pas... un bon
voyage.

PAUL, vivement à Forestier.

Vous quittez Saint-Valery ?..

FORESTIER.

Pour deux jours seulement.

HÉMERY, à Forestier.

A votre retour, nous ferons plus ample connaissance...

FORESTIER, s'inclinant.

Je l'espère.

HÉMERY, à Paul.

A bientôt, mon ami,

PAUL, lui donnant la main.

Et sans rancune, n'est-ce pas ?.. (A part.)
Enfin !..

(Hémery sort par le fond avec Mme Darbois qui lui
parle bas en s'éloignant.—La porte se referme.

SCÈNE VII.

PAUL, sur le devant de la scène.—FORESTIER
au fond.

(A peine Hémery et Mme Darbois sont-ils sortis, que Paul se laisse
tomber épuisé sur un siège.)

PAUL, avec désespoir.

Mon Dieu ! la fatigante comédie !.. être forcé,
quand on se sent mourir, de grimacer la vie, de
jouer la santé... avoir sans cesse la joie aux
lèvres, quand les larmes vous suffoquent !.. oh !
qu'il faut de courage !.. qu'il faut aimer sa
mère !.. (Il reste accablé.)

FORESTIER, à part.

Il a encore ma lettre... cet Hémery, si elle
tombait entre ses mains, verrait un crime dans
la révélation qu'elle renferme... et mon avenir
de médecin serait à jamais perdu... oh ! à tout
prix il me la faut... (En finissant de parler il a descendu lentement jusqu'à Paul.—Alors, il ajoute,
haut :) Paul !

PAUL, se jetant en sanglotant dans ses bras.

Ah ! mon ami, mon ami !..

FORESTIER.

Remettez-vous...

PAUL.

Mais, dites ?.. ma mère a tout deviné, n'est-ce
pas ?.. et Hémery n'est ici que parce qu'il y a
été mandé par elle ?.. oh ! avouez-le moi !..
avouez-le moi !..

FORESTIER.

Eh bien ! oui !.. il a été appelé par votre mère,
à qui vos imprudences ont fini par dévoiler une
partie de votre secret.

PAUL, avec désespoir.

Mon Dieu !..

FORESTIER, sévèrement.

Calmez-vous... et répondez-moi... vous m'a-
vez trompé, Paul... cette lettre dont j'avais exigé
le sacrifice, parce qu'elle servait d'aliment à vos
souffrances... cette lettre que vous m'aviez fait le
serment d'anéantir...

PAUL, troublé.

Eh bien ?..

FORESTIER.

Eh bien ! vous l'avez encore.

PAUL, hésitant.

Qui vous l'a dit ?..

FORESTIER.

Votre mère.

PAUL.

Ma mère !.. (A part. Portant vivement la main à
son sein.) l'aurais-je perdue ?.. non... non... la
voici !.. la voici !..

FORESTIER, continuant.

Votre mère, dont les regards inquiets vous
suivent partout, dont les pas sont, à toute heure,
attachés aux vôtres... votre mère qui a surpris
avec cette lettre les pleurs dont vous ne cessez
de la couvrir... (Faisant un pas vers lui.) et qui
sait même qu'elle ne quitte pas votre cœur !

PAUL, s'éloignant vivement de Forestier, et croisant
ses deux mains sur son cœur.

Laissez-moi !.. elle m'appartient !.. on ne l'aura
qu'avec ma vie !

FORESTIER.

Et si vous veniez à l'égarer ?..

PAUL, effrayé.

L'égarer !..

FORESTIER.

Oui... si elle tombait entre les mains de votre
mère, déjà si à plaindre ?

PAUL.

Vous me faites frémir !..

FORESTIER.

Alors, mais trop tard, vous maudiriez votre
imprudence.

PAUL.

Ah! oui, ce coup la tuerait !.. (Se décidant
tout-à-coup.) Vous avez raison, Forestier... vous

avez raison... vite... vite... anéantissons cet
arrêt qui me condamne !..

(Il fouille précipitamment dans son sein.)

FORESTIER, à part.

Enfin !..

PAUL, s'arrêtant, et avec égarement.

Non... non !.. sa place est sur mon cœur dont
elle recevra le dernier battement... Je lui devrai
la fin plus prompte de mes souffrances... chaque
jour, sa lecture hâte ma mort, je le sens.., aussi,
m'est-elle chère et précieuse cette lettre !.. je la
garde !.. je la garde !　(Il retombe épuisé.)

FORESTIER, à part.

Il serait imprudent d'insister davantage...

PAUL, avec douceur.

Mon refus vous afflige, mon bon Forestier ?..
je reconnais mal, n'est-ce pas, les soins de
votre prévoyante amitié ?..

FORESTIER.

Ne voyez dans mes instances que le désir d'é-
viter une vive affliction à votre mère, et à vous,
Paul, un regret bien cuisant.

PAUL.

Et que voulez-vous que j'y voie, si ce n'est
une nouvelle preuve de votre dévoûment ?..
N'êtes-vous pas mon plus sincère, mon véri-
table ami ?.. le seul être devant lequel je puisse
souffrir et pleurer en liberté ?.. ne vous dois-je
pas le salut d'Augustine ?.. Dieu ne s'est-il pas
servi de vous pour préserver cet ange du malheur de m'appartenir ?

FORESTIER.

Dieu, je l'espère, secondera mes efforts, et
m'accordera votre guérison.

PAUL.

Ah ! si je pouvais vous croire !.. si vous disiez
vrai, Forestier !.. mais, non !.. je ne puis ac-
cueillir l'espoir que vous m'offrez, quand mes
traits décolorés et amaigris, quand ma poitrine
en feu attestent l'existence de ces symptômes
que m'a révélés votre lettre... et dont j'ai re-
trouvé les preuves dans ce livre de médecine que
je me suis procuré.

FORESTIER.

Allons, Paul... éloignez des pensées affligeantes,
et qui ne peuvent qu'aggraver votre état... je vous
laisse... voici l'heure de mon départ... le temps
de prendre congé de votre mère, et je monte
en voiture... vous, mon ami... n'oubliez pas
qu'en sa présence...

PAUL, amèrement.

Je dois paraître fort et joyeux... soyez tranquille... je m'en souviendrai...

FORESTIER, s'approchant de lui.

Si vous vouliez entendre la voix de la raison ?.. je vous dirais : Paul, anéantissez cette
lettre...

PAUL.

Eh bien, plus tard... à votre retour, nous
verrons..,

FORESTIER.

Songez, au moins, que vous confier à M. Hémery... serait tout révéler à votre mère... et
qu'elle n'y survivrait pas...

PAUL.

Oh ! soyez sans crainte... mon secret mourra
avec moi !

FORESTIER.

De la prudence... adieu.

(Forestier sort par le fond.)

SCÈNE VIII.

PAUL, seul. — Puis HERCULE ET DEUX
PORTEURS.

PAUL, après un long silence pendant lequel il
marche vers la cheminée ; lève, avec crainte, les
yeux sur la glace ; et frémit.

Chaque matin cette glace me montre les progrès de mon mal... mon front est plus pâle... mes
yeux plus fatigués encore qu'ils ne l'étaient hier...
(Il détourne tristement les yeux ; quitte la cheminée
et, consultant son pouls, il gagne à pas lents un siége.
Toujours cette fièvre qui nuit et jour me brûle le
sang.. (Puis, le regard fixe et s'asseyant.) Il n'est donc
plus d'espoir !.. (Après être resté un moment accablé ; fouillant tout-à-coup dans son sein, et en tirant
une lettre.) La voici cette lettre fatale !.. (Il l'ouvre.)
Chaque mot en est gravé là... et cependant je ne
puis en détacher mes regards... la relire cent
fois... puis la quitter pour mon livre... voilà ma
vie !.. (Après un moment de silence ; lisant.) « Cette
» maladie est héréditaire... et si cette règle im-
» pitoyable présente quelques rares exceptions...
» (Paul Darbois n'en sera pas une... » Puis laissant
tomber sa tête dans ses deux mains en pleurant.)
O ! mon Dieu ! mon Dieu !.. (Après une pause.)
A mon âge... quand on a une mère... quand
on aime, et qu'on est aimé... (Avec désespoir.)
Ah ! c'est affreux !.. affreux !.. (Bruit au fond ; il
cache précipitamment sa lettre.)

HERCULE, du dehors.

Auriez-vous, par hasard, la prétention de me
faire accroire que vous avez chacun un mille
sur les épaules ?..

PAUL, se remettant.

C'est Durocher...

(Il fait quelques pas, et peu à peu devient pensif.)

HERCULE, entrant à reculons, et s'adressant à la
cantonnade.

Allons, hardi !.. du nerf donc !.. Ah ! bonjour, M. Paul !..

UN DES PORTEURS, paraissant.

Vous vous figurez peut-être que c'est de la
plume qu'il y a là-dedans ?..

HERCULE.

Si je jouissais de votre santé, mes gaillards,
vous verriez comme je vous ferais manœuvrer
ça... allons, suivez-moi...

(Il entre à droite avec les porteurs.)

PAUL, resté seul, à lui-même.

Ce que m'a dit Forestier... si je venais, en
effet, à égarer ma lettre... ou bien !.. si ma
mère, pendant mon sommeil !.. ah ! je me tue-
rais pour ne pas voir ses larmes !.. (Promenant
lentement ses regards autour de lui.) Il a raison...
mon secret n'est plus en sûreté là.

(Ses yeux s'arrêtent sur le secrétaire devant lequel
il reste un moment immobile. — Hercule reparaît
suivi des Porteurs.)

HERCULE.

Il s'agit maintenant de vous compter votre
solde... (Tirant une pièce de monnaie d'une bourse

de cuir.) Tenez... voilà *une livre*, à l'effigie de
l'Empereur Napoléon...

UN PORTEUR, mécontent.

Vingt sous, pour nous deux ?..

HERCULE.

Comment donc l'entendez-vous ?..

LE PORTEUR.

Vous ajouterez, au moins, quelque chose
pour boire ?..

HERCULE.

Pour boire ?.. (Se frottant les mains.) Attendez,
je vais vous verser ça...

LE PORTEUR.

Bien obligé ! (Ils se hâtent tous deux de sortir.)

HERCULE, à lui-même, redescendant la scène.

Il paraît qu'il n'ont plus soif... (S'étendant dans
un fauteuil.) C'est étonnant comme ça m'a fatigué
de faire apporter ici le bagage de l'ancien.

(Bruit de voix.)

PAUL, écoutant.

Que se passe-t-il donc ?..

HERCULE, se levant.

Tiens, on dirait qu'on se chamaille, par-là...

Mᵐᵉ DARBOIS, dans la coulisse.

Par pitié, Monsieur, accordez-moi un jour !..
le temps seulement d'éloigner mon fils !..

PAUL.

Qu'entends-je ?..

(Il s'élance à la porte du fond qui s'ouvre devant
lui. Mᵐᵉ Darbois paraît.)

SCÈNE IX.

LES MÊMES, Mᵐᵉ DARBOIS. — Puis aussitôt,
HÉMERY. — UN JUGE-DE-PAIX, suivi d'un
GREFFIER et d'un HUISSIER.

Mᵐᵉ DARBOIS, dans la plus grande agitation.

Éloigne-toi, Paul... éloigne-toi !..

PAUL.

Vous m'effrayez, ma mère !.. qu'est-il donc
arrivé ?..

Mᵐᵉ DARBOIS, voulant l'entraîner.

Tu le sauras... viens, viens !..

PAUL, résistant.

Non, je reste, ma mère !.. je reste !.. (A la
vue de ceux qui entrent.) Qu'ai-je vu !.. le Juge-
de-paix !.. une expropriation !.. (Courant à Hémery.) Ah ! mon ami !.. ah ! ma mère !.. c'en est
donc fait ?.. ruinés !.. ruinés !..

HÉMERY, à part.

Les malheureux !..

Mᵐᵉ DARBOIS, à part.

Ah ! ce dernier coup le tuera !..

(Paul se promène haletant et agité.)

LE JUGE-DE-PAIX.

Pardonnez-moi, Madame, la rigueur de mon
mandat... mais je dois, au nom de la loi, apposer
à l'instant même les scellés sur tous les meubles
de votre maison.

PAUL.

Mais. Monsieur... ma mère avait demandé un
nouveau délai... et nous espérions...

LE JUGE-DE-PAIX.

M. Dubreuil a refusé.

HÉMERY, à part, avec douleur.

Et ne pas être riche !..

PAUL, avec désespoir.

Oh ! la misère !.. la misère !..

Mᵐᵉ DARBOIS, défaillant.

Faites, Monsieur... exécutez la loi.

LE JUGE-DE-PAIX, à son monde, indiquant la
chambre de gauche.

Commençons par cette chambre.

PAUL, se précipitant devant la porte.

Arrêtez !.. cette chambre est sacrée !.. c'est
celle où est mort mon père !.. elle est sacrée,
Messieurs !.. respectez-la !.. respectez-la !..

Mᵐᵉ DARBOIS.

Paul ! (Elle l'entraîne sur le devant de la scène.)

HÉMERY.

Calme-toi, mon ami !..

(Le Juge-de-paix entre dans la chambre de gauche,
suivi de son monde.)

PAUL.

Oui, vous avez raison... à cette heure tout
regret est vain, toute plainte est stérile... rési-
gnons-nous, ma mère... (Avec désespoir.) Et
pourtant !.. ce n'est pas assez que la misère, la
hideuse misère nous accable et nous presse... il
faut encore que le deshonneur nous menace !

Mᵐᵉ DARBOIS.

Le deshonneur ?..

PAUL, avec force.

Oui, le deshonneur !.. car si tout ce que nous
possédions ne suffit pas pour acquitter nos dettes,
une faillite alors est inévitable... et une faillite ;
c'est le deshonneur !.. c'est la flétrissure !..

Mᵐᵉ DARBOIS, avec prière.

Mon enfant !..

PAUL, dont l'égarement augmente jusqu'à la fin
de la scène.

Maudissez-moi ma mère !.. car j'ai méconnu
mes devoirs... car au lieu de travailler, de prévenir notre ruine, j'ai dépensé mes jours en
futiles occupations... oh ! que ne puis-je en ce
moment échanger d'inutiles talens contre un
état lucratif, un état qui, aujourd'hui, vous fe-
ferait vivre, ma mère !

HÉMERY.

Quel égarement !..

Mᵐᵉ DARBOIS.

Paul, par pitié !..

PAUL.

Mais que dis-je !.. travailler !.. et le pourrais-
je ?.. ne suis-je pas sans courage et sans force
depuis que je sais que j'appartiens à une horrible destinée !..

Mᵐᵉ DARBOIS, à Hémery.

Vous l'entendez !..

PAUL, en délire.

Oh !.. mais tout espoir n'est peut-être pas
perdu... Hémery !.. j'en appelle à votre cœur,
à votre science... je veux vivre, entendez-vous !..
je veux vivre pour que ma mère ne mendie pas,
pour que le nom de mon père ne soit pas des-
honoré !.. (A genoux.) Un miracle, s'il le faut...
la santé ! la vie !.. Hémery, rendez-moi la vie !..

HÉMERY, le relevant.

Paul, reviens à toi...

PAUL, parcourant la scène.

Et Forestier qui m'abandonne !.. où est-il ?..
où est-il ?.. Forestier !.. mon ami !.. (Avec désespoir.) Venez !.. mais venez donc me guérir,
pour que je gagne le pain de ma mère !.. (Il

s'arrête tout-à-coup, porte la main à sa poitrine, puis à sa tête, et ajoute en chancelant.) Oh! que je souffre... là!.. là!.. cela me brûle!.. j'étouffe... (Arrachant sa cravate.) J'étouffe!.. ma mère!.. Hémery!.. à moi!.. à moi!..

(Il tombe dans leurs bras. — Le Juge-de-paix et son monde reparaissent, traversent, et entrent à droite.)

Mme DARBOIS.

Grand Dieu!.. évanoui!.. du secours?..

HÉMERY, à Hercule.

Aidez-moi vite à le transporter dans sa chambre.   (Hémery et Hercule s'emparent de Paul.)

Mme DARBOIS.

Mon Dieu! cette crise sera mortelle, peut-être!..

(Hemery et Hercule entrent avec Paul dans la chambre de gauche, Mme Darbois les suit. — Comme il disparaissent, le Juge-de-paix et son monde sortent de la chambre de droite.)

HERCULE, reparaissant à reculons, et tristement.

Pauvre gens!..

LE JUGE-DE-PAIX, à Hercule.

Maintenant, conduisez-nous dans les ateliers?..

HERCULE, qui s'est retourné.

Je vais me déranger tout de suite... Il me semble que vous êtes assez grands pour vous conduire tous seuls.

LE JUGE-DE-PAIX, à son monde.

Suivez-moi.

(Ils sortent. — Augustine paraît, un portefeuille à la main.)

AUGUSTINE, du fond, à la vue du Juge-de-paix.

Ah! l'on m'a dit vrai!..

SCÈNE X.

AUGUSTINE, HERCULE. — Puis HÉMERY ET Mme DARBOIS.

AUGUSTINE, vivement.

Où est Paul?.. où est sa mère?..

HERCULE.

Plus bas, Mamzelle, plus bas...

AUGUSTINE.

Il faut que je les voie... que je leur parle à l'instant!

HERCULE.

Imposible pour le quart-d'heure... M. Paul vient de se trouver mal... le vieux et la bourgeoise sont auprès de lui.

AUGUSTINE, effrayée.

Paul, dites-vous!.. ah! la vue de leur ruine sans doute!.. n'importe, je veux entrer... je le veux!.. (A Hémery qui paraît.) Vous voilà, mon ami!.. je sais tout... eh bien?..

HÉMERY, à mi-voix.

Il est mieux... mais cette crise violente a brisé ses forces... à peine rendu à la vie, ses yeux se sont fermés de nouveau... mais sans danger cette fois... il vient de s'assoupir.

AUGUSTINE.

Bien!.. nous n'aurons que sa mère à convaincre!..

Mme DARBOIS, rentrant.

Vous ici, Augustine!.. vous, en ce moment!..

AUGUSTINE.

En ce moment, ma place est auprès de vous!.. mais je suis venue pour vous sauver, et non pour vous plaindre!..

Mme DARBOIS, la regardant.

Que prétendez-vous donc?..

AUGUSTINE, hésitant.

Ce portefeuille est à vous!..

Mme DARBOIS.

Que dites-vous, Augustine!..

AUGUSTINE.

Au nom de celui que toutes deux nous chérissons, au nom de votre fils!.. prenez! oh! prenez!..

Mme DARBOIS, émue.

Merci... merci pour Paul et pour moi...

AUGUSTINE, avec joie.

Vous acceptez?..

Mme DARBOIS, repoussant doucement le portefeuille.

Assez...

AUGUSTINE.

Que faites-vous?..

Mme DARBOIS.

Ce que ferait Paul, s'il était là... je refuse.

AUGUSTINE, avec prière.

Oh! vous ne me causerez pas cette douleur?..

Mme DARBOIS.

Je le dois...

AUGUSTINE, avec désespoir.

Vous l'entendez, mon ami!..

HÉMERY.

Et je l'approuve, Augustine.

AUGUSTINE.

Et vous aussi!..

Mme DARBOIS.

Ce que mon fils aurait pu sans honte tenir de sa femme... il ne peut l'accepter de Mlle de Sevrin.

AUGUSTINE.

Mais ce n'est qu'un emprunt que vous me faites!..

Mme DARBOIS.

Jamais, peut-être nous ne pourrions nous acquitter.

AUGUSTINE, avec désespoir.

Mon dieu!.. Mais le devoir d'une fille est de secourir sa mère, et vous m'avez cent fois appelée votre fille!..

HERCULE.

Allons, bourgeoise!.. la justice est encore dans la maison... dites un mot, et je vous l'apporte?

AUGUSTINE, suppliant.

Ma mère!..

Mme DARBOIS.

Cessez, je vous en conjure... (Repoussant de nouveau le portefeuille.) L'honneur me le commande... je refuse.

(Le jour commence à baisser par degrés.)

HÉMERY, qui a quitté le devant de la scène.

Je l'entends, je crois!..

Mme DARBOIS, remontant.

Déjà réveillé!.. (Elle est arrivée à la porte de gauche qu'elle pousse.) Mais qu'a-t-il donc?..

HERCULE, bas à Augustine.

Juste comme l'autre jour.

(Tous les regards sont dirigés dans la chambre de gauche.)

Mme DARBOIS.

Voyez donc, Hémery !.. ses traits sont immobiles... son regard est fixe...
(Ici, Paul, à demi vêtu, paraît sur le seuil de la porte, il est très pâle, ses yeux, ouverts, sont fixés dans leurs orbites; il fait quelques pas et s'arrête.)

SCÈNE XI.

LES MÊMES, PAUL.

Mme DARBOIS, s'approchant de lui.

Paul!.. Paul!. il ne m'entend pas... mon Dieu!.. se pourrait-il que sa raison?..

HÉMERY, à mi-voix, la retenant.

Silence !.. (L'examinant.) Ne voyez-vous pas qu'il dort...
(Tous, s'éloignent avec crainte.)

Mme DARBOIS.

Il dort, dites-vous?

HÉMERY.

Oui...

AUGUSTINE

Le malheureux !..

HÉMERY.

Chut !..
(Moment de silence, Paul fait quelques pas lents et mesurés, puis il s'arrête de nouveau.)

PAUL.

Je viens de lui promettre de ne plus la porter sur moi... voyons... où la cacherai-je ?.. je suis seul... ma mère et Hémery reposent encore... cherchons un endroit... cherchons vite.

Mme DARBOIS, bas.

C'est de sa lettre qu'il parle !..

HÉMERY, bas.

Silence !..
(Paul qui s'est dirigé du côté opposé au secrétaire, commence lentement le tour du salon, s'arrêtant devant chaque meuble.)

PAUL.

Non... pas là... là, non plus... (Il continue de marcher, arrivé près du secrétaire il s'arrête de nouveau, et ajoute.) Oui... oui... dans ce meuble, dont la clef ne me quitte pas... elle sera en sûreté. (Il regarde autour de lui avec crainte.)

Mme DARBOIS, à mi-voix.

Mon Dieu! faites qu'il ne se réveille pas !..

HÉMERY, bas.

Chut!

PAUL.

Personne .. (Tirant une clef de sa poche.) Hâtons-nous... (Il met la clef dans la serrure, puis se retourne vivement et écoute.) J'avais cru entendre marcher. (Il ouvre le secrétaire, porte la main à son sein tout en regardant autour de lui, et la retirant aussitôt.) Je ne m'étais pas trompé... quelqu'un vient !.. (Tressaillant.) Augustine !.. ah! c'est le ciel qui l'envoie !
(Il fait quelques pas comme s'il avançait à la rencontre de quelqu'un; tous suivent ses mouvemens avec une morne attention.)

Mme DARBOIS, à mi-voix.

Il me fait peur !..

PAUL, croyant parler à Augustine.

Votre main ?.. (Il avance la sienne — puis tristement.) Vous avez encore pleuré... pauvre Augus-tine !.. vous non plus vous n'êtes pas heureuse !.. écoutez... je vais vous confier un grand secret... mais vous ne le répéterez à personne... pas à ma mère surtout... vous la tueriez...

AUGUSTINE, bas.

Écoutons...

PAUL, doucement.

Approchez... vous croyez que je suis un ingrat... que je ne vous aime plus... oh! il n'en est rien... je vous aime toujours... mais je ne peux pas vous épouser... ce serait un crime.

Mme DARBOIS.

Un crime !   (Tous se rapprochent de Paul.)

PAUL, tirant sa lettre de son sein.

Ma lettre vous dira tout.

Mme DARBOIS.

Sa lettre !..
(Elle va pour s'élancer. — Hémery l'arrête du geste.)

PAUL.

Lisez... (Il tend la main comme s'il présentait la lettre à lire, et après un temps.) Il faut qu'il nous aime bien, n'est-ce pas, pour avoir écrit cela?.. il a empêché notre malheur... c'est lui qu'il faut épouser, entendez-vous ?.. lui.

AUGUSTINE, à mi-voix.

De qui donc veut-il parler ?..

PAUL, repliant la lettre.

Vous comprenez maintenant que vous ne pouvez pas être ma femme... ils croient tous que j'ai refusé votre main parce que nous sommes ruinés... n'allez pas les détromper au moins !..
(Il se dirige vers le secrétaire, ouvre un tiroir et y place la lettre.) Vous voyez où je cache ma lettre à présent... vous ne me trahirez pas !
(Il referme, et fait un pas en s'éloignant du secrétaire y oubliant la clef.)

Mme DARBOIS, qui a suivi tous ses mouvemens.

Ah !
(Elle s'élance et va s'emparer de la clef, lorsque Paul se retourne brusquement et la prévient.)

PAUL.

Attendez... c'est ma clef que j'oubliais... ma pauvre tête est si malade... (Il retire la clef qu'il remet dans sa poche. — Puis remontant la scène comme s'il reconduisait Augustine.) Adieu... vous me promettez d'être sa femme ?.. Ne pleurez donc pas... (S'arrêtant.) Allez... moi, je vais travailler à mon tableau... on me le paiera deux cents francs... ce sera pour ma mère !.. Votre front?.. (Il figure avec ses lèvres le mouvement de l'embrasser.) C'est un baiser de frère... adieu... (Il se dirige lentement vers sa chambre où il rentre en disant.) J'ai fait mon devoir.
(Dès qu'il a disparu que Mme Darbois se précipite vers le secrétaire.)

Mme DARBOIS.

A présent, le moyen d'ouvrir ce meuble ?..

HERCULE, tirant son couteau.

Le moyen ?.. voilà!

HÉMERY.

Il peut se réveiller... hâtez-vous...
(Hercule a ouvert son couteau, et en a introduit la lame entre le haut et le battant du secrétaire.)

HERCULE, pesant avec force.

Ça tient... mais c'est tout de même...

Mme DARBOIS, impatiente.

Faites plutôt sauter la serrure.

HERCULE.

Inutile, bourgeoise... c'est fait.

(A peine le secrétaire est il ouvert qu'Hémery s'élance, et se met à chercher. — Près de lui sont Mme Darbois et Augustine haletantes d'impatience.)

Mme DARBOIS, indiquant.

Dans ce tiroir !..

AUGUSTINE.

La voici !..

HÉMERY.

Vite, de la lumière !

(Hercule sort et rentre presqu'aussitôt, portant une bougie. Pendant ce temps, Hémery, qui a ouvert la lettre, s'efforce en vain d'en déchiffrer le contenu. Mme Darbois et Augustine, partagent son impatience.)

HÉMERY, dès qu'Hercule a reparu avec la lumière.

De Forestier !

TOUS, s'écriant.

Forestier !..

(Mouvement de silence. — On entoure Hémery.)

HÉMERY, après avoir lu rapidement.

Oh ! l'infâme ! l'infâme !..

Mme DARBOIS.

Mais qu'y a t-il donc ?

(Elle lui arrache la lettre. — Augustine et elle la dévorent des yeux.)

HÉMERY.

Malheureux enfant !.. voilà donc le secret de ta lente agonie !..

Mme DARBOIS.

Horreur !..

HÉMERY, avec conviction.

Je savais bien, moi, que le mal du père, n'était pas dans le sang du fils !.. rassure-toi, pauvre mère, ton fils vivra !.. Nous nous reverrons, Forestier !.. cette lettre à la main, j'irai te demander compte des souffrances de ta victime !.. oh ! oui, nous nous reverrons !..

(Mme Darbois est tombée à genoux. — Augustine a les mains jointes élevées vers le ciel.)

La toile tombe.

FIN DU DEUXIÈME ACTE.

ACTE III

Même décoration qu'au deuxième acte ; seulement, les scellés ont été apposés sur les meubles.

SCÈNE I.

PAUL, HERCULE.

(Au lever du rideau, Paul est assis, endormi, sur une chaise placée près d'un chevalet sur lequel est un tableau. Le chevalet est disposé de manière que Paul n'est pas vu d'Hercule, qui entre avec précaution et va regarder, par le trou de la serrure, dans la chambre d'Hémery.)

HERCULE.

Bon ! je le tiens... il est pincé !.. c'est pas malheureux... Il pourra se flatter, l'ancien, de m'avoir fait monter de soignées factions, et beaucoup trop réitérées, vu la faiblesse de mon coffre... Depuis deux jours qu'il a établi chez nous son quartier-général, et que j'ai découvert que c'est aussi un major... et un crâne ; j'use le reste de mon tempérament à emboîter le pas derrière lui, pour empoigner ma consultation... mais impossible de mettre la main dessus... il est brutal comme trois Turcs... C'est tout de même, je me risque... je le saisis au saut du lit, et il faudra bien qu'il rétablisse les nombreux dégâts de mon physique... Le Forestier est un attrappe-science, qui ne sait ni l'a, ni l'o de son métier... et puis, s'il avait aussi intérêt à me détruire ?.. Je crois prudent de lui retirer ma clientelle, et de la confier tout entière au vieux lapin, ici couché... Par la même occasion, je consulterai ce grand homme sur une certaine trouvaille que j'ai faite hier... La voici, ma trouvaille.

(Il indique sa poche, qui paraît très pleine.)

PAUL, rêvant.

Je souffre... Là... là.

HERCULE, se retournant.

Hein ?.. qu'est-ce qui a parlé ?.. Tiens ! c'est M. Paul... il a le cauchemar. (L'examinant.) Il paraît que toutes les positions lui sont bonnes pour sommeiller... En voilà des agrémens ! (Approchant doucement.) Dieu de Dieu ! qu'il est changé !.. Décidément, il me fait l'effet de filer un mauvais coton. (Prenant un miroir qui est sur la table et se regardant.) Et moi, donc !.. je suis d'un embonpoint effrayant !

PAUL, rêvant.

Ma lettre !.. ma lettre !.. où est-elle !

HERCULE.

Le voilà qui rêve de sa lettre... il croit l'avoir égarée... ce qui le taquine à l'infini... Si y se doutait... mais silence, c'est ma consigne.

PAUL, rêvant toujours.

Mon tableau... deux cents francs... pour ma mère... Oui... oui.

(Il s'agite péniblement, et retombe.)

HERCULE.

Il me ferait pleurer... allons-nous-en. Mais l'autre qui va encore me filer entre les doigts... Si j'allongeais un grand coup de pied dans sa porte... ça le réveillerait peut-être... Oui, mais c'est qu'il serait homme à m'allonger le sien.. (Retournant à la porte d'Hémery et regardant de nouveau par le trou de la serrure.) Et puis, il y aurait vraiment de la cruauté... Dort-il !.. dort-il !.. comme une marmotte... les deux poings fermés... comme il ronfle agréablement !.. Hardi ! hardi !.. va... va donc !.. en consomme-t-il de ce sommeil !.. Quelle bonne tête... vieillard, tu vaux mieux dans un de tes cheveux gris, que le Forestier dans tout son scélérat d'individu... Je reviendrai.. allons !.. pour tuer le temps, je vais re-déjeuner.

(Il sort par le fond.)

SCÈNE II.

PAUL, seul, se réveillant en sursaut.

Ma lettre!.. je veux ma lettre!.. (Regardant avec étonnement autour de lui.) Où suis-je?.. Ah! je me souviens!.. je travaillais, et j'ai succombé à la fatigue... ces deux nuits de fièvre et d'insomnie ont achevé d'user mes forces. (Après un moment de silence, et frémissant.) Ma lettre... je l'ai perdue... ou plutôt elle m'aura été dérobée par ma mère... Ah! Dieu m'épargnera cette nouvelle angoisse!.. (Cherchant du regard.) Mais, où peut-elle être?.. Vingt fois, depuis hier, j'ai visité tous les coins de ma chambre, parcouru toutes les allées du jardin... Je l'ai cherchée sur moi... partout... Rien. (Il fouille machinalement dans ses poches, puis continuant.) Si je l'avais cachée quelque part, je me le rappellerais... (Se pressant le front.) Et je ne me souviens de rien!.. (Il se met à chercher de nouveau, et en décrivant le même circuit qu'à l'acte précédent. Arrivé près de son chevalet, il s'arrête, fouille dans son carton à dessins, puis dans sa boîte à couleurs.) Rien... toujours rien!.. (Il continue d'avancer. A peine en face du secrétaire, il tressaille, et reste un moment immobile; puis, avec une émotion croissante.) Oui, oui, il y a deux jours... la pensée m'était venue de la cacher dans ce meuble... (Cherchant à se rappeler.) Il me semble même... j'ai là comme une idée vague, confuse. (Vivement et se fouillant.) Mais je dois en avoir la clé sur moi... la voici! (Il court au secrétaire; mais, à la vue de la bande de toile blanche qui le traverse de haut en bas, il recule.) Oh! les scellés!.. je l'avais oublié. (Avec désespoir.) Mais c'est affreux! Là, est ma dernière espérance... le terme de mes inquiétudes pour ma mère; enfin, là, est ma lettre, peut-être!.. Et une impitoyable loi me défend de m'en assurer! (Avec effroi.) et je l'entends qui me crie : Les galères à celui qui porte la main sur des scellés! (S'éloignant avec terreur du secrétaire.) Mon Dieu! donnez-moi la force de résister!.. (Moment de silence et de combats intérieurs. Puis, les yeux attachés sur le secrétaire, dont il se tient éloigné, il s'écrie :) Oui, j'en suis certain, maintenant!.. je l'ai mise là!.. ah! Dieu le veuille!.. Là, du moins, elle serait à l'abri des regards de ma mère!.. Mais si ma mémoire me trompait!.. Ah! Forestier me l'avait prédit... Mon Dieu! pourquoi n'ai-je pas suivi son conseil?.. pourquoi ne l'ai-je pas anéantie?

(La porte du fond s'ouvre doucement.)

SCÈNE III.

PAUL, HERCULE.

PAUL, avec crainte.

Qui vient ici?

HERCULE.

C'est personne, c'est moi... Je reviens revoir si ce brave major est réveillé...

PAUL.

Tu es déjà venu?

HERCULE.

Oui, monsieur Paul, et vous dormiez devant votre peinture... Est-il permis de se fatiguer le corps comme ça?

PAUL.

J'étais tombé de lassitude... mais, dis-moi, mon bon Durocher... c'est aujourd'hui, vers le milieu de la journée, que Forestier sera de retour, épies l'instant de son arrivée... et, aussitôt que tu l'apercevras, viens m'avertir?.. il faut que je lui parle en secret... et avant qu'il n'ait pu voir ni ma mère, ni Hémery; entends-tu bien?

(Il prend sa palette et ses pinceaux.)

HERCULE.

Convenu... soyez en repos... (A part.) Certainement que j'épierai son arrivée... mais pour en informer immédiatement l'ancien... c'est encore ma consigne.

PAUL, à part, et travaillant.

Si j'osais interroger Durocher?.. Depuis hier, j'hésite... et cependant, il se pourrait...

HERCULE, à part.

Le voilà qui parle tout seul.

PAUL, travaillant, et jouant l'indifférence.

A propos, j'oubliais de te demander... En allant et venant dans la maison... tu n'aurais pas trouvé une lettre?..

HERCULE, à part.

Attention!.. (Haut.) Pas le plus petit chiffon de papier, bourgeois.

PAUL, de même.

Une lettre... à l'adresse de mademoiselle de Sevrin?..

HERCULE.

Je n'en ai pas la moindre connaissance. (A part.) Je mens comme un gredin.

PAUL, jetant sa palette et son pinceau.

Ah! c'est trop d'incertitude!.. c'est trop souffrir!.. et je n'ai pas la force de douter davantage!   (Il s'élance au secrétaire.)

HERCULE, effrayé, l'arrêtant.

Que faites-vous donc là?.. Y pensez-vous?..

PAUL, hors de lui.

Laisse-moi!..

HERCULE, se plaçant devant le secrétaire.

Désolé de manquer à la subordination... mais vous n'en ferez rien!

PAUL.

Je te dis que j'ouvrirai ce meuble!.. et cela, parce que telle est ma volonté!

HERCULE.

Je vous dis, moi, que vous ne l'ouvrirez pas!.. et ça, parce que la justice pourrait le trouver mauvais, et votre digne mère aussi!

PAUL, reculant.

Ma mère, dis-tu?.. (A part.) Malheureux! qu'allais-je faire?.. (Avec désespoir.) Oh! j'en perdrai la raison!..

HERCULE.

En voilà une idée!..

PAUL.

Tu seras discret, n'est-ce pas, Durocher?.. tu ne voudrais pas affliger ma mère?.. Oublies ce qui vient de se passer... j'étais fou!..

HERCULE.

Soyez tranquille... d'ailleurs, ça me fatigue de parler... Mais, quand on est matinal comme vous, on doit avoir faim de bonne heure... Voulez-vous que je vous apporte votre déjeûner?..

PAUL, distrait.

Non, plus tard...

HERCULE.

A votre aise... moi, j’ai déjà mangé deux fois
du bœuf en salade... c’est rafraîchissant... si vous
en souhaitez?.. il en reste encore.

PAUL, regardant la pendule.

Bientôt neuf heures... ma mère ne peut tarder
à venir... vite, Durocher, cache mon chevalet
dans ma chambre.

HERCULE, tout en emportant le chevalet.

Oui, M. Paul.

PAUL.

Ma palette... mes pinceaux...

HERCULE, rentrant.

Certainement, M. Paul.

PAUL.

Ils trahiraient le secret de mes veilles.

HERCULE, retournant dans la chambre.

Assurément, M. Paul... (A part.) Je suis tout
essoufflé!.. ouf!.. (Il respire largement.) A présent, rentrez vite dans votre chambre, et tâchez
de prendre un peu de repos.

PAUL.

Je vais essayer... (A part, en entrant à gauche.)
Ah! si Hémery pouvait me guérir!

SCÈNE IV.
HERCULE, seul.

A bien prendre, je ne sais pas trop si je tro-
querais mon individu contre le sien... il est décidément moins bien que moi dans ses affaires...
surtout que ma trouvaille doit achever de me
donner le coup de poli... (Il tousse vigoureuse-
ment.) Comme ça résonne creux!.. quand je
pense qu’il y a bientôt cinq ans que je me vois
à l’agonie... mais patience!.. (Tirant une bouteille de sa poche, et la considérant avec un air de
contentement.) En voilà une fiole respectable!..
une vieille que je me sens enclin à chérir... c’est
pourtant aux huissiers, à qui je servais de chef
de file, que je dois de l’avoir déterrée dans un
coin de la cave... comme elle devait s’ennuyer
toute seule... (Regardant l’étiquette.) Quelle drôle
d’adresse!.. tisane de, de... c’est un peu effacé...
de Cham....pagne... tisane de Champagne....
comme ça se trouve!.. et comme ça doit aller à
mon état... (réfléchissant.) Tisane de Champagne... j’en ai bien ouï parler, mais le Forestier
ne m’en a jamais ordonné, le scélérat!.. C’est
étonnant comme la langue me chatouille, depuis
que je possède cette précieuse tisane... j’ai bien
envie d’y goûter... oui, mais!.. si ça allait me
flanquer?.. ah! bah!.. au petit bonheur!.. (Se
préparant.) Voyons... attention!.. Préparez, arme!.. déchirez... touche!.. (Il enlève le plomb
qui recouvre le bouchon.) Tiens!.. c’est ficelé
comme une carrotte de tabac... attends, attends...
(Il prend son couteau, et coupant la ficelle.) Joue...
feu!.. (Il lève la bouteille jusqu’à sa bouche.—Le
bouchon part, et le vin lui saute au visage.) Au secours!.. c’est de la poudre à canon!.. je n’ai
plus d’œil!.. (Il se laisse tomber sur un siége, puis
se remettant.) En voilà une tisane foudroyante!..
(Se regardant.) Eh bien!.. je suis dans de beau
linge!.. c’est égal!.. je ne suis pas capon... je
saurai de quoi qu’y retourne... (Il boit.) Eh
mais! mais, mais, c’est meilleur que le chien-

dent... (Il boit de nouveau. Puis s’arrêtant.) Dieu
de dieu!.. comme ça vous caresse agréablement
le gosier!.. allons!.. ne lui faisons pas l’affront
de la laisser en chemin!.. (Il vide la bouteille. Puis,
avec un soupir.) Il n’y en a plus... c’est dom-
mage... je commençais à m’y habituer... (En déposant la bouteille sur la table, il trébuche.) Ah!
ah!.. voilà sans doute son effet qui commence!..
tiens!.. la bouteille tourne... la table aussi!..
absolument comme si j’avais vidé trois pots de
vieux cidre... Eh bien!.. calez-moi donc...
(Il s’appuie en chancelant contre la table. Puis chan-
tant.)

> Les houzards en campagne,
>   Rin, tin, tin!
> Les houzards en campagne,
>   Rin...

                                           (Il s’arrête.)

Mais du calme... c’est l’instant d’aller consulter le vieux major... (Hémery paraît sortant de la
chambre de droite.) Quelle chance!.. le voici en
personne... (Chancelant.) Allons!.. fixe... immobile... (Mangeant le mot.) l’inspection va commencer.

SCÈNE V.
HERCULE, HÉMERY.

HÉMERY, à la vue d’Hercule.

Ah! ah!..

HERCULE, à part.

Il m’a vu... je suis sauvé...

HÉMERY, à part.

Allons!.. cette fois, je ne l’échapperai pas.
(Hercule à moitié ivre est dans la position du soldat
qui salue son officier.)

HERCULE, à part.

Il me trouve peut-être fort détérioré.

HÉMERY.

Eh bien! mon garçon? qu’est-ce que tu attends donc là?..

HERCULE, toussant.

Hum..! voilà!.. voyez-vous, Major?.. c’est la
place d’armes, qui me fait l’effet d’être terrible-
ment endommagée... alors...

HÉMERY.

Tu as de fréquentes indigestions, je le sais...

HERCULE.

C’est véridique... les après-dîner, surtout...

HÉMERY.

En vérité?..

HERCULE, chancelant.

Présentement, c’est autre chose... j’éprouve
comme des éblouissemens... et puis, une grande,
grande, grande faiblesse dans les jambes...

HÉMERY, souriant.

En effet, c’est à peine si elles peuvent te
porter...

HERCULE.

Comme vous dites, Major... mais rassurez-
vous, c’est pas inquiétant... c’est l’effet d’une
portion calmante que je viens de m’administrer...
et sur laquelle il me serait agréable d’avoir
votre opinion... (Indiquant la table en vacillant,
mais sans bouger les pieds.) La fiole est encore
là... si vous voulez jeter un coup-d’œil sur l’en-
seigne?.. ça me fera plaisir...

HÉMERY, qui a pris la bouteille.
« Tisane de Champagne!.. »

HERCULE.

Eh bien?..

HÉMERY, riant.

Eh bien! cette tisane te convient parfaite-
ment.

HERCULE.

Je pense absolument comme vous, Major...

HÉMERY.

Mais cela ne suffit pas... (A part.) Attends, je
vais me débarrasser de toi... (Haut, et le regardant en face.) Sais-tu, mon garçon, que tu es sérieusement malade?.. et qu'il est grandement
temps que je vienne à ton secours?..

HERCULE, à part.

Voyez un peu, cet âne de Forestier!.. (Haut.)
Je vous en supplie, major, ne perdez pas une
minute... commencez tout de suite ma guérison.

HÉMERY.

A l'instant même... mais il faudra suivre exac-
tement mon ordonnance.

HERCULE.

De point en point... major, vous êtes un très
grand homme!

HÉMERY, tirant son portefeuille, et se disposant à
écrire.

Ton nom... Durocher, je crois?..

HERCULE, saluant militairement.

Pour vous servir... surnommé Hercule, par
ironie!

HÉMERY, écrivant.

Hercule Durocher observera une diète sévère...

HERCULE, avec effroi.

La diète?.. oh! un instant, Major, j'aimerais
mieux autre chose...

HÉMERY.

C'est la première condition de ta guérison...
veux-tu? oui, ou non?.. c'est à prendre ou à
laisser...

HERCULE.

Oh! c'est pas difficile à prendre.

HÉMERY, écrivant.

Il boira, par jour, une pinte de tisane...

HERCULE.

De Champagne.

HÉMERY.

Non... composée de racine de patience et de
rhubarbe... il se couchera tard, et se levera de
bonne heure.   (Il lui remet l'ordonnance.)

HERCULE, lisant.

Rhi... rhibarbe... c'est-y mauvais à la bouche?..

HÉMERY, impatienté.

Excellent... allons, vas... mais vas donc!..

HERCULE,

Dites donc, major?.. je ne pourrais pas, le
soir seulement, prendre un peu de soupe aux
choux?

HÉMERY.

Eh! prends tout ce qu'il te plaira, mais la
porte, d'abord.

HERCULE.

De suite... (En sortant.) Major, vous êtes le
Napoléon de la médecine!.. vive la bataille de
Marengo!.. je vais porter mon ordonnance à
l'apothicaire!   (En sortant par le fond.)
Les houzards en campagne, etc.

SCÈNE VI.

HÉMERY, seul.

Enfin, me voilà délivré de cet insuppor-
table bavard!.. (Regardant dans la chambre
de Paul.) Il repose. (Tirant sa montre.) Onze
heures... et Forestier est attendu chez lui à
midi... à peine s'il me reste le temps de porter
le premier coup, d'ébranler l'aveugle confiance
que Paul a placée en ce misérable... fort du
mystère qui jusqu'à ce jour a environné son fatal
écrit, il va accourir ne soupçonnant rien de ce
qui s'est passé...Oh! je l'attends de pied ferme!..
surpris sans défense, placé brusquement sous le
regard d'un honnête homme, il n'aura ni la
force, ni l'effronterie de nier son crime... mais,
s'il allait se douter du piége... s'il allait persister... comment le confondre alors?.. en médecine, dans cette science des problèmes et du
doute, il est permis de tout soutenir, et il faut
quelquefois bien du temps pour prouver un
mensonge... si j'échoue auprès de ce lâche, que
faire mon Dieu?.. par quel remède guérir l'esprit de ce pauvre enfant?.. car j'en ai maintenant
la certitude, son esprit seul est malade... impossible de le convaincre que sa mère lui a transmis
avec la vie sa force et sa santé... il a accueilli
sans hésiter l'imposture qui le tue, il refuserait
de croire la vérité qui le sauverait... impossible
aussi de lui persuader que son père et ses frères
n'ont pas été les victimes du mal qu'il redoute...
les faits sont là... à moins, cependant!.. mais
ce moyen est extrême, autant qu'il me paraît
infaillible... et ce matin même, j'ai vu sa malheureuse mère frémir et reculer en m'écoutant...
espérons que Dieu lui épargnera cette dure nécessité... espérons qu'il enverra le remords ou la
peur au cœur du bourreau... (La porte de gauche
s'ouvre.) Mais voici Paul... Dieu! comme il est
abattu.   (Il se retire à l'écart.)

SCÈNE VIII.

HÉMERY, PAUL.

(Il entre sans voir Hémery, s'arrête et jette un regard sur la
pendule.)

PAUL, à lui-même.

Forestier ne peut tarder maintenant!.. (Ga-
gnant le siége qui est près de la table.) Mon Dieu!
que va-t il dire quand il saura... (Il s'assied; sa
main rencontre le miroir, il le prend machinalement
et se regarde un instant en silence. — Hémery suit
tous ses mouvemens avec intérêt.) Toujours la même
pâleur!..
(Il replace le miroir, fouille à sa poche, en tire son
livre, et se met à le consulter attentivement.)

HÉMERY, à part.

Quel est ce livre qui semble absorber toute
son attention?..

PAUL, à lui même.

Oui... oui, c'est bien cela...

HÉMERY, continuant.

Sans doute celui dont m'a parlé sa mère.

PAUL, à lui-même.

Pas un des symptômes qu'annonce ce livre,
que je ne sois bien certain d'éprouver...

HÉMERY, qui est descendu doucement jusque derrière Paul.

Les livres de médecine sont bons pour les médecins et pour les malades... les autres n'y connaissent rien !   (Il le lui enlève.)

PAUL, vivement, et se levant.

Que faites-vous, Hémery ?.. (Le regardant.) Et que voulez-vous dire ?..

HÉMERY.

Je veux dire que si tu continues, tu feras mourir de chagrin tous ceux qui sont assez fous pour t'aimer !.. je veux dire qu'à force de te répéter que tu es malade, tu finiras par le devenir, si je n'y mets promptement bon ordre !

PAUL, s'écriant.

Hémery ! vous avez ma lettre !.. oh mais ! vous allez me la rendre, n'est-ce pas ?.. vous allez me jurer, par tout ce qu'il y a de saint et de sacré que, jusqu'à ma dernière heure, ma pauvre mère ignorera l'arrêt qu'elle renferme ?..

HÉMERY, froidement.

Te la rendre ?.. jamais.

PAUL, tremblant.

Oh ! mais du moins... du moins, vous ne me refuserez pas de l'anéantir ?..

HÉMERY.

Plus tard, non... aujourd'hui, elle m'est indispensable.

PAUL, le regardant, effrayé.

Mon Dieu ! qu'en voulez-vous donc faire ?

HÉMERY, continuant.

Quant au serment que tu me demandes...

PAUL, suppliant.

Eh ! bien ?..

HÉMERY.

A quoi bon ?.. me penses-tu capable de tuer ta mère ?..

PAUL, se jetant à son cou.

Oh ! merci !.. merci, vous à qui je devrai de ne pas voir ses larmes, de ne pas entendre son désespoir... vous à qui je devrai de quitter la vie avant elle... car puisque vous l'avez lue cette lettre fatale, vous y avez vu combien je suis à plaindre !..

HÉMERY, s'animant.

J'y ai vu que tu es la dupe d'un lâche hypocrite !.. j'y ai vu qu'un misérable abuse de ta faiblesse, se joue de ta crédulité pour devenir impunément ton assassin !

PAUL.

Forestier un misérable ?.. Forestier un assassin ?..   HÉMERY.

Celle que tu allais épouser est jeune, belle et riche... riche, entends-tu bien ?.. te tu n'as pas su deviner le fourbe ?.. tu t'en vas donner tête baissée dans le piége, et tu ne t'aperçois pas que le piége est une tombe qui en se refermant sur toi, va laisser le champ libre à celui qui t'y auras poussé ?..

PAUL.

Arrêtez, Hémery !

HÉMERY.

Si tu étais en état de m'entendre, si ma voix pouvait arriver jusqu'à ta raison, je te prouverais que toutes tes souffrances sont là... mais en ce moment j'y perdrais mon temps, ma science, et mes paroles... il te faut une autre preuve... et Dieu aidant ton vieil ami, avant une heure tu la recevras de la bouche même du coupable !

PAUL, légèrement ébranlé.

Oh ! non... non, c'est impossible !.. (Se pressant la poitrine avec désespoir.) Je sens bien qu'il a dit vrai...

HÉMERY.

Silence, j'entends venir quelqu'un... c'est ta mère.

PAUL, avec prière.

Oh ! par pitié, Hémery... pas un mot devant elle !..

(Hémery le rassure du geste. — Mme Darbois entre par le fond.)

SCÈNE IX.

LES MÊMES, Mme DARBOIS, puis HERCULE.

(Paul est devenu pensif.)

Mme DARBOIS, en entrant.

Je vous cherchais, mon ami... bonjour, Paul...

PAUL, préoccupé.

Bonjour, ma bonne mère...

Mme DARBOIS, à Hémery, avec intention, et observant Paul.

M. Léonard, le représentant de la maison Dubreuil me fait demander un moment d'entretien... (Bas et vite.) Forestier est de retour... la voiture qui le ramène vient de traverser la place...

HÉMERY, de même.

Bien...

Mme DARBOIS, haut.

Je venais prendre votre avis... qu'augurez-vous de cette démarche ?..

HÉMERY, avec intention.

Mon avis est que vous pouvez tout espérer de l'entretien qui va avoir lieu...

PAUL, à part.

Forestier un infâme ?..

HERCULE, en entrant, et avec intention.

Vous m'avez appelé, Major ?.. (Faisant des signes.) Qu'est-ce qu'il y a pour votre service ?.. (Bas et vite.) Le Forestier vient d'entrer dans l'avenue... il me suit.

HÉMERY, bas.

A merveille !.. (Haut, et jouant l'étonnement.) Ce qu'il y a pour mon service ?.. Rien, mon garçon... je ne t'ai pas appelé.

HERCULE.

Tiens, c'est drôle !.. il m'avait pourtant semblé... (Bas.) Il est sur mes talons...

HÉMERY, haut à Mme Darbois.

Mais ce M. Léonard est sans doute porteur de paroles de paix... n'allez-vous pas le trouver ?..

Mme DARBOIS, qui a compris.

A l'instant...

HÉMERY, bas.

Retenez un moment Forestier.

Mme DARBOIS, bas à Hémery en s'éloignant.

Vous êtes tout l'espoir d'une mère !..

(Elle sort par la porte du fond, après avoir fait signe à Hercule de la suivre.)

SCÈNE X.

HÉMERY, PAUL.

HÉMERY, vivement, allant à lui.

Paul ?.. Forestier est arrivé.

PAUL, se levant.

Enfin !..

HÉMERY.

Ta mère, qui ne soupçonne rien, vient de nous laisser la place libre... Entre là... tu vas apprendre à connaître ton Forestier !

PAUL, troublé.

Quand je vous dis qu'il est innocent...

HÉMERY, à la porte du fond.

Il vient... Paul, je t'en supplie !..

PAUL.

Vous le voulez ?.. j'obéis...

HÉMERY, l'entraînant.

Surtout que pas un mot, pas un soupir ne vienne lui faire soupçonner ta présence !

PAUL, à part, entrant à gauche.

Mon Dieu ! s'il disait vrai !..

SCÈNE XI.

HÉMERY, puis aussitôt FORESTIER, ensuite PAUL et Mme DARBOIS.

HÉMERY, après avoir fermé la porte.

Maintenant, misérable !.. à nous deux !.. et dussé-je te l'arracher avec le cœur, il me faut l'aveu de ton crime !.. (La porte du fond s'ouvre.) Le voici... du calme.

FORESTIER, entrant gaîment.

J'arrive à l'instant, mon cher M. Hémery, et ma première visite est pour mes amis, au détriment de mes malades.

HÉMERY.

Je vous sais gré de cet empressement, Monsieur... car votre présence dans cette maison, est devenue indispensable.

FORESTIER.

Indispensable... vous m'effrayez, Monsieur... Paul ?..

HÉMERY, l'interrompant, et avec intention.

Paul est toujours dans l'état où vous l'avez laissé.

FORESTIER, inquiet.

Le ton avec lequel vous me dites cela ?..

HÉMERY.

Comme vous me l'assuriez, Monsieur... les souffrances de ce jeune homme sont incalculables, et digne de pitié... Et si un hasard providentiel n'était pas venu à son secours... avant quelques mois, Mme Darbois n'avait plus de fils... et vous, plus d'ami.

FORESTIER, à part.

Je tremble !

HÉMERY.

Vous frémissez, n'est-ce pas ?.. Oh ! pourquoi cette affreuse pensée de sa destruction ne vous a-t-elle pas ému plutôt ?.. vous lui auriez épargné bien des douleurs... et vous vous seriez évité bien des remords !

FORESTIER, troublé.

Ce langage ?..

HÉMERY.

Est sévère à tenir et pénible à entendre... mais, vous m'avez donné le droit de vous parler ainsi !.. Il y a deux jours, dans ce salon, à cette même place, quand je suis venu à vous les larmes aux yeux et le désespoir dans le cœur... quand ma voix tremblante implorait de vous un arrêt de vie ou de mort... que m'avez-vous répondu ?.. « C'en est fait de Paul Darbois... plus d'espoir... condamné !..» Et cependant deux jours passés à ses côtés, deux nuits d'observations a son chevet, m'ont appris, à n'en pas douter, que vous vous trompiez sur son état, Monsieur !

FORESTIER.

Dieu le veuille !..

HÉMERY, continuant, et avec force.

Et ce qui est horrible !.. c'est que votre erreur était volontaire... c'est que vous m'abusiez aussi, moi !..

FORESTIER, qui a fait un mouvement.

Je ne vous comprends pas, Monsieur... (Jouant l'assurance.) Et je vous prie de vouloir bien vous expliquer plus clairement !

HÉMERY.

Vous-êtes donc bien pressé de tomber à genoux, et de demander grâce ?..

FORESTIER.

Je le suis au contraire de repousser une accusation qui m'outrage !.. La preuve de ce que vous avancez, Monsieur ?.. la preuve ?.. je l'exige !..

HÉMERY.

Jetez un coup-d'œil sur cette glace... et vous la verrez écrite sur votre visage... mais s'il vous en faut une autre, Monsieur... (Lui présentant sa lettre.) Regardez !..

FORESTIER, à part et tressaillant.

Ma lettre !..

HÉMERY.

Me comprenez-vous, maintenant ?.. (Avec force.) Comprenez-vous aussi tout ce qu'armé de cette lettre je puis contre vous ?,.

FORESTIER, se remettant.

Et quoi donc, Monsieur ?.. que prouve-t-elle contre moi, cette lettre ?..

HÉMERY, avec force.

Un calcul odieux !.. une honteuse spéculation !.. (Forestier fait un mouvement.) Eh bien ! si vous le voulez, dans un instant, devant vous, je déchirerai cette lettre qui vous condamne... et je ne vous demande, pour cela, que de vous repentir ?.. Allons, pas de fausse honte ?.. La vérité ?.. Les souffrances de Paul sont purement imaginaires... c'est votre opinion ?.. Oh ! avouez ! je vous en conjure ! avouez !..

FORESTIER, à part.

Un aveu, c'est le déshonneur !.. Il est est trop tard !.. (Haut.) Je n'ai rien à avouer, Monsieur. HÉMERY, s'écriant.

Malheureux !.. (Ici la porte de gauche s'agite. — A part). Oh ! comme il doit souffrir !.. (Haut et se contenant avec peine.) Songez-y, Monsieur... Le courage est dans l'aveu d'une faute, et la lâcheté dans le mensonge !

FORESTIER, faisant un effort.

Ce que j'ai écrit... c'est franchement et en conscience...

HÉMERY, avec force.

Eh bien ! en conscience, vous êtes un infâme !

FORESTIER.

Monsieur !..

HÉMERY.

Silence !.. car si à votre âge, on a le droit de

tout oser, au mien, on a le droit de tout dire ;
et j'en userai !.. j'en userai pour vous dire en
face que vous mentez ! que vous savez bien que
Paul n'est pas atteint d'une maladie mortelle...
Non, Monsieur, non !.. moi, Hémery, médecin
depuis trente ans ! c'est moi qui vous le déclare !

FORESTIER.

Pourtant, son père et ses frères...

HÉMERY.

Sont morts jeunes, tous les trois... Alors, lui
aussi, est marqué au front, par Dieu, pour les
suivre de près !.. Non, cela n'est pas !.. et ici,
la justice de Dieu est éclatante !.. Ce dicton du
peuple... les maladies de poitrine sont hérédi-
taires, n'est pas un axiôme, c'est une grossière
erreur, un fantôme debout au milieu des familles
pour les épouvanter ; mais que la raison des
sages a renversé, comme on renverse des fan-
tômes !.. vous en êtes persuadé !.. Et la science
ne sera point un refuge pour abriter votre
crime !.. Allez, vous vous êtes flétri !.. et vous n'a-
vez pas même la passion pour excuse... Non, c'est
la fortune de Mlle de Sevrin qui vous arme contre
Paul ! et vous assassinez pour de l'argent !..

FORESTIER, menaçant.

Oh! remerciez votre âge que je respecte...
sans cela !..

HÉMERY.

Non, Monsieur, ce n'est pas mon âge que vous
respectez; c'est la vérité qui vous impose !..
Ah! voilà donc comme Paris nous renvoie nos
fils, voilà donc comme il nous les rejette avec la
gangrène au cœur, dépravés et corrompus...
voilà donc les fruits de cette éducation qu'il
nous vend si cher !.. Oui, à notre époque, les
titres sont faciles à acquérir !.. Que faut-il pour
être avocat ou médecin ?.. pour être propre à
défendre la vie ou les intérêts de ses sembla-
blables ?.. Oh! peu de chose !.. Il suffit de
quelques années d'orgies, de désordres et de
folles dépenses, pendant lesquelles on achète
seize inscriptions, qui constatent seize fois votre
identité ; cela payé, Paris compte un oisif de
moins, et la province un charlatan de plus !

FORESTIER, avec rage.

Oh ! taisez-vous !.. taisez-vous !..

HÉMERY, continuant.

Comme toi, Forestier, je serai impitoyable !..
tu as tué la vie de Paul Darbois en épouvantant
son esprit... Eh bien ! je tuerai ta réputation en
divulguant ton crime !.. et tremble ! car on me
croira, moi, qui suis un honnête homme !..

FORESTIER, ébranlé.

Assez...

HÉMERY.

Et quand Dieu aura sonné, pour toi, l'heure
du remords, tu n'auras pas même la consolation
d'être absous par le repentir, car, à chacune de
tes prières, une voix vengeresse répondra : « Pas
de grâce, Forestier !.. Trop tard !.. Tu as assas-
siné Paul Darbois... Trop tard !.. il est trop
tard !..

FORESTIER, reculant jusqu'à un fauteuil où il se
laisse tomber.

Oh ! assez !.. assez...

HÉMERY, suppliant.

La vérité ! la vérité... je vous en supplie !..

FORESTIER, à part.

Me déshonorer devant cet homme... Oh! jamais ! jamais !

HÉMERY, haletant.

Eh bien ?..

FORESTIER.

Eh bien !.. l'opinion énoncée dans cette lettre... émise avant-hier devant vous... est encore
mon opinion d'aujourd'hui... Ce que j'ai écrit,
ce que j'ai dit, était le résultat de ma conviction... conviction pénible, mais profonde.

(La porte s'agite de nouveau et plus fort.)

HÉMERY, à part.

J'ai voulu le sauver, mon Dieu... et c'est moi
qui le tue !..

FORESTIER.

Trop tôt, l'événement vous apprendra la vérité.

HÉMERY, hors de lui.

Oh! mais vous le tuez !.. taisez-vous, taisez-
vous donc !

FORESTIER, le regardant.

Comment ?.. (Ici paraît Paul, pâle et chancelant.
Forestier, reculant à sa vue, et à lui-même.) Ah! il
était là !.. (Puis, après un temps, il ajoute d'une
voix tremblante et sans lever les yeux.) Je n'ai plus
rien à ajouter... et je me retire.

(Il sort dans le plus grand trouble.)

PAUL, à Hémery qui a été à lui.

Quand je vous disais qu'il n'était pas coupable !..

HÉMERY, pleurant.

Oh! le misérable !

PAUL, tombant sur un siége.

Mon espoir était un rêve !..

(Ici Mme Darbois entre précipitamment. Paul, accablé sur son siége, ne la voit pas, et reste étranger
à ce qui se passe.)

Mme DARBOIS, à mi-voix à Hémery, et avec une
vive inquiétude.

Eh bien ?..

HÉMERY, de même.

Cet homme est un infâme !

Mme DARBOIS, tremblante.

Il n'a rien avoué ?..

HÉMERY.

Rien !..

Mme DARBOIS.

Mais mon fils est perdu !..

HÉMERY.

Plus bas !..

Mme DARBOIS.

Mon Dieu ! que faire ? que faire ?..

HÉMERY.

Dieu, que vous implorez , vous l'a révélé par
ma voix !..

Mme DARBOIS, frémissant.

Ah ! je vous comprends !.. mais c'est affreux
ce que vous me demandez.

HÉMERY.

C'est le salut de votre enfant !

Mme DARBOIS, tout-à-coup.

Eh bien ! qu'il vive !.. il ne doit pas y avoir de
sacrifice impossible à une mère !.. Éloignez-
vous !..

HÉMERY.

Du courage... de la prudence, bonne mère !..
et ton fils vivra !..

Mᵐᵉ DARBOIS, avec instance.

Allez ! allez !..

(Hémery sort par le fond. Ce bout de scène doit être joué à voix basse, et sans être vu de Paul, demeuré absorbé.)

SCÈNE XII.

PAUL, assis; Mᵐᵉ DARBOIS, au fond, haletante et se recueillant.—Moment de silence.

PAUL, immobile sur son siége.

Ce qu'il a écrit, il vient de le répéter... car il ne mentait pas en traçant ma sentence... car, trop tôt, l'événement nous apprendra la vérité!.. Et pourquoi attendrais-je ce moment?.. pourquoi ne pas en terminer brusquement avec cette angoisse de chaque heure?..

(Il se lève.)

Mᵐᵉ DARBOIS, à part.

Venez à mon aide, mon Dieu!..

PAUL, marchant.

En se frappant dans son cachot... le condamné échappe au supplice... Comme lui... je puis échapper à une longue et cruelle agonie... je puis en finir d'un seul coup!..

Mᵐᵉ DARBOIS, à part, avec effroi.

Que dit-il?..

PAUL.

Oui!.. le suicide!..

Mᵐᵉ DARBOIS, à part.

Le suicide!.. Oh!.. mais, du désespoir au crime, il n'y a qu'un pas!.. (Haut, et courant à lui.) Paul! mon enfant bien aimé!..

PAUL, avec effroi.

Vous étiez là, ma mère?..

Mᵐᵉ DARBOIS, à part,

Allons... il le faut!..

PAUL, allant à elle.

Qu'avez-vous donc, ma bonne mère?.. vos mains sont froides et tremblantes... Répondez?.. Pourquoi cette agitation?.. pourquoi ces larmes?..

Mᵐᵉ DARBOIS, pleurant.

Paul!.. ta funeste prédiction s'est réalisée... Après l'expropriation, la faillite... après la misère, le deshonneur!

PAUL, se cachant le visage.

Ah!..

Mᵐᵉ DARBOIS, continuant.

Ainsi que tu l'avais prévu, tout ce que nous possédons est insuffisant pour acquitter nos dettes... (Sanglotant.) Ainsi que tu l'avais prévu, malheureux enfant!.. le nom que tu portes va subir la honte d'une faillite!

PAUL, s'écriant.

Mon Dieu! quel est donc le crime de notre famille? quelle faute a donc commis ma mère, pour la frapper ainsi sans relâche et si rudement?.. A celle qui possède toutes les vertus... toutes les douleurs en partage!.. et je ne puis rien... rien!

Mᵐᵉ DARBOIS, avec force.

Paul, tu peux nous sauver!

PAUL, tressaillant.

Assez!.. je crains de vous comprendre... ce mariage!.. (Après un temps.) Ah!

PAUL.

Repoussez-moi, ma mère... je suis un ingrat... un mauvais fils... Repoussez-moi, car je puis d'un mot sécher vos larmes... et je les laisse couler... je puis changer votre misère en opulence... et à cause de moi, vous resterez misérable... mais ce mariage serait une odieuse lâcheté... (Avec force.) Et je ne veux pas vous sauver au prix d'une lâcheté!

Mᵐᵉ DARBOIS, avec conviction.

Tu nous sauveras, pourtant!.. et cela sans honte, sans remords pour toi!

PAUL.

Que voulez-vous dire?

Mᵐᵉ DARBOIS.

Tu nous sauveras, parce que tu en as le pouvoir!.. parce que tu es riche, enfin!

PAUL.

Moi!.. riche!

Mᵐᵉ DARBOIS, à part, avec douleur.

Misérable Forestier! à quoi me réduis-tu.

PAUL.

Expliquez-vous?

Mᵐᵉ DARBOIS.

Il n'y a qu'un instant, tu t'écriais dans ton désespoir: Quelle faute a donc commis ma mère?.. Dieu que tu interrogeais va te répondre par ma voix.

PAUL, avec anxiété.

Une faute?!. vous!

Mᵐᵉ DARBOIS, à part et les mains jointes.

Oh! mon époux, pardonne-moi le mensonge que je vais faire, c'est pour sauver notre enfant.

PAUL.

Parlez !

Mᵐᵉ DARBOIS, courbant la tête.

Oui... Mais avant, pardon, mon fils..pardon, car je vais t'enlever une grande joie... car je vais détruire en toi une précieuse illusion... ton estime pour ta mère.

PAUL, la regardant.

Que dites-vous là?.. Oh! non!.. non!.. mais poursuivez... cette fortune, d'où me vient-elle?.. A qui en suis-je redevable?

Mᵐᵉ DARBOIS, défaillant.

A une personne à laquelle tu fus bien cher... A son lit de mort, elle me remit un portefeuille contenant cent mille francs que je m'engageai à te conserver fidèlement jusqu'au jour où il plairait à Dieu de me rappeler à lui... à moins qu'un revers inattendu de fortune ne vînt m'imposer l'obligation de te restituer, de mon vivant, le dépôt qui m'était confié... Au bout de quelques minutes... celui qui venait d'assurer ton avenir... expirait en te donnant le baiser d'adieu.

PAUL, tremblant.

A quel titre ces caresses?.. à quel titre cette fortune ?

Mᵐᵉ DARBOIS.

Tu vas le savoir; car l'heure de la restitution a sonné... et avec elle celle, d'une révélation bien douloureuse!

PAUL, à part.

Que vais-je donc apprendre, mon Dieu?.. et pourquoi ce trouble qui s'empare de moi?.. (Haut et tremblant.) Achevez, ma mère... le nom, le nom de celui qui s'occupait ainsi de moi à l'heure de sa mort?

Mme DARBOIS, se cachant le visage.

Son nom ?

PAUL, haletant.

Oui.

Mme DARBOIS, rassemblant ses forces.

Attends... attends.

PAUL.

Au nom du ciel ! l'explication de ce mystère ?

Mme DARBOIS.

Eh bien !..

PAUL.

Mais achevez donc... cet homme !..

Mme DARBOIS, s'écriant.

Eh bien ! c'était ton père !

PAUL, stupéfait.

Mon père !.. (Se méprenant.) Ah ! oui, mon père, mon pauvre père mort il y a dix ans !.. (Frappé d'une idée.) Mais, dites-moi ?.. pourquoi ce partage inégal de sa fortune ?.. pourquoi ces cent mille francs à moi seul ?.. Pourquoi en deshéritait-il mes frères ?

Mme DARBOIS, avec résolution.

Pourquoi ?.. parce que Julien et Henry lui étaient étrangers ! parce que le père de tes frères, enfin... n'était pas ton père à toi !

(Elle tombe à genoux.)

PAUL, reculant.

Grand Dieu !

Mme DARBOIS, à part.

Ah ! la vie de mon enfant vaut mieux pour moi que mon honneur.

PAUL, le regard fixe.

Quoi !.. celui dont je porte le nom... il n'était pas mon père !

Mme DARBOIS, suivant tous ses mouvemens.

Non !.. non !..

PAUL.

Encore !.. et c'est bien la voix de ma mère... c'est bien elle qui est devant moi... Ah ! pauvre mère ! pauvre mère !   (Moment de silence.)

Mme DARBOIS, les yeux baissés.

Maintenant que tu sais ma faute...

PAUL, l'interrompant et la relevant.

Je ne sais rien... si ce n'est qu'un fils n'a pas le droit de s'ériger en juge de sa mère.

(Ils sont aux bras l'un de l'autre.)

Mme DARBOIS, à part.

Il ne me repousse pas !.. Oh ! vous êtes juste mon Dieu !

(Paul, comme frappé d'une idée, tressaille, et se dégage lentement des bras de sa mère dont il s'éloigne. — Il est haletant et agité.)

PAUL, se laissant tomber sur un siége.

Il n'était pas mon père ! (Après un temps.) Oh mais... mais que se passe-t-il donc en moi ?

(Il se presse le front puis la poitrine. — Ses traits reproduisent la lutte intérieure à laquelle il est en proie. — Enfin, il semble renaître peu à peu à la vie.)

Mme DARBOIS, à part, avec anxiété.

Mon Dieu ! réussirai-je ?

Ici la porte du fond s'ouvre. Hémery, Augustine et Hercule paraissent.)

SCÈNE XIII.

LES MÊMES, HÉMERY, AUGUSTINE, HERCULE

Mme DARBOIS, allant doucement à Paul.

Paul. (Il tressaille.) C'est Augustine.

PAUL, se levant vivement.

Augustine ! (Courant à elle.) Ah ! (Puis l'entraînant tout-à-coup dans les bras de Mme Darbois.) Ma mère, embrassez votre fille !

Mme DARBOIS, l'étreignant.

Oh ! oui, ma fille !

PAUL.

Chère Augustine !   (Elle lui tend la main.)

Mme DARBOIS, bas à Hémery.

Un jour, n'est-ce pas, vous lui direz...

HÉMERY, bas.

Votre sublime mensonge... oui, quand la cure sera complète.

HERCULE, à part.

Décidément, il paraît que je suis le plus malade de la maison.

(Paul fait signe à Hémery de se taire, — Hémery qui a tiré la lettre, la déchire. — TABLEAU.)

LA TOILE TOMBE.

FIN.